U0922329

2023
北京区域统计年鉴

北 京 市 统 计 局
国家统计局北京调查总队 编

中国统计出版社
China Statistics Press

图书在版编目（CIP）数据

北京区域统计年鉴. 2023 / 北京市统计局，国家统计局北京调查总队编. -- 北京：中国统计出版社，2023.11

ISBN 978-7-5230-0332-9

Ⅰ. ①北… Ⅱ. ①北… ②国… Ⅲ. ①统计资料－北京－2023－年鉴 Ⅳ. ①C832.1-54

中国国家版本馆CIP数据核字(2023)第217555号

北京区域统计年鉴2023

作　　者/北京市统计局　国家统计局北京调查总队
责任编辑/李　冲
封面设计/揽胜视觉
出版发行/中国统计出版社有限公司
通信地址/北京市丰台区西三环南路甲6号　邮政编码/100073
发行电话/邮购（010）63376909　书店（010）68783171
网　　址/http://www.zgtjcbs.com
印　　刷/北京力信诚印刷有限公司
经　　销/新华书店
开　　本/880mm×1230mm　1/16
字　　数/500千字
印　　张/14.75印张　彩插/ 2.25印张
版　　别/2023年11月第1版
版　　次/2023年11月第1次印刷
定　　价/260.00元

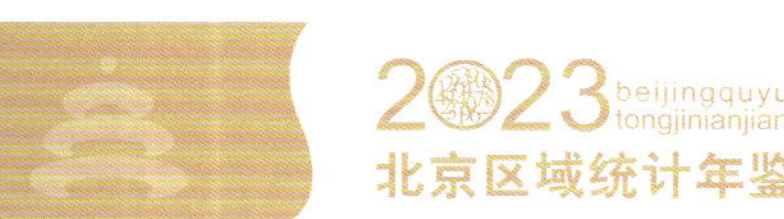

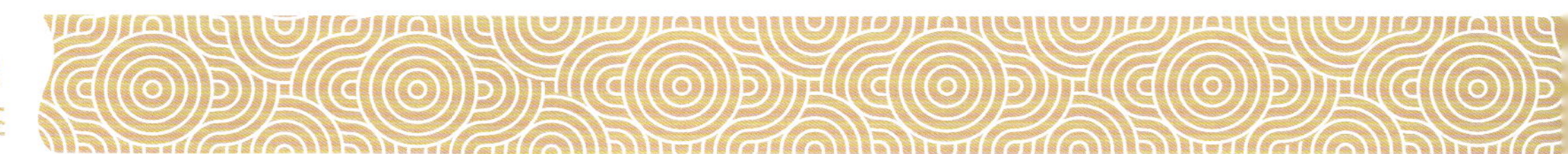

东城区

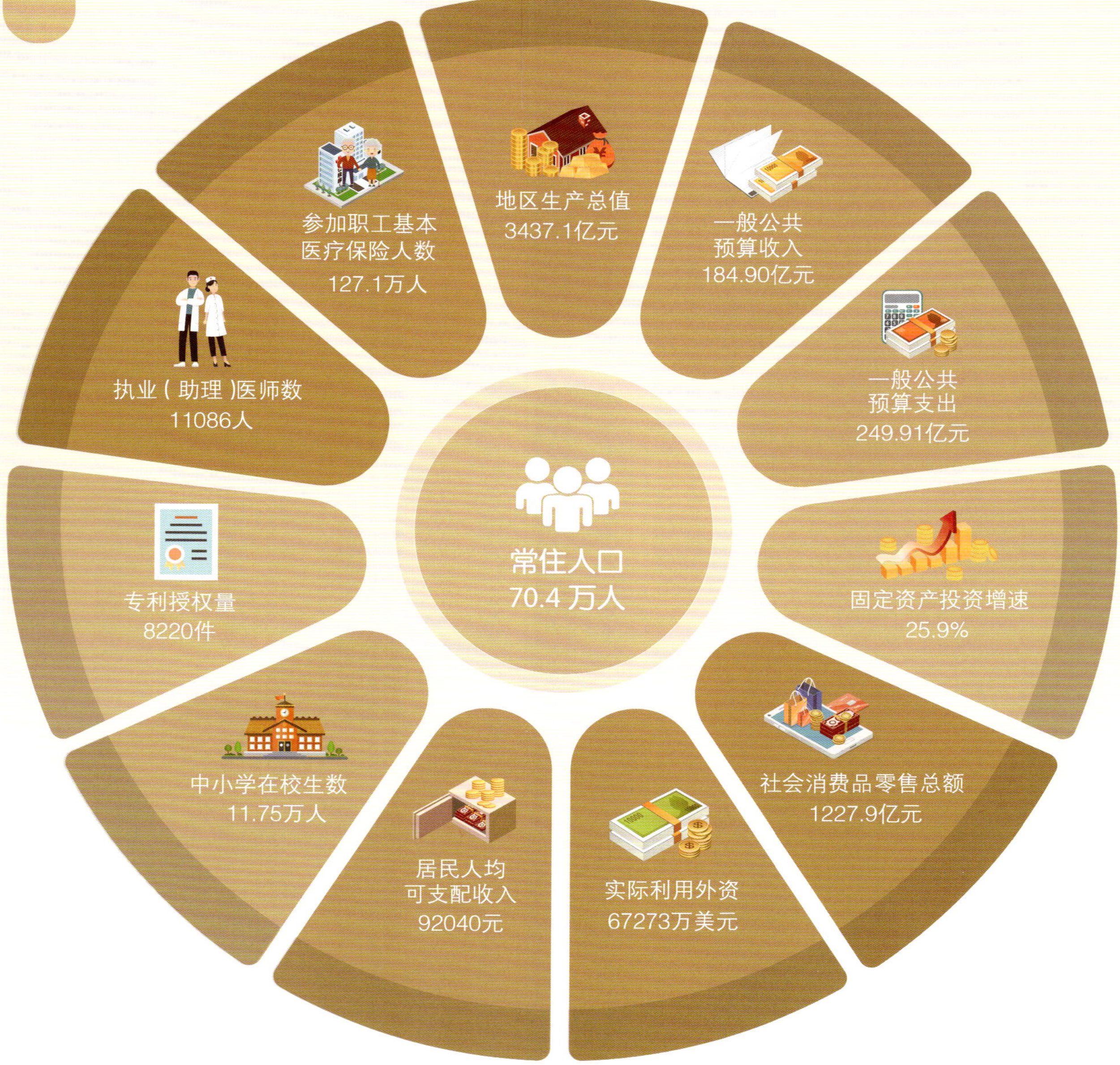

常住人口
70.4 万人
地区生产总值
3437.1亿元
一般公共
预算收入
184.90亿元
一般公共
预算支出
249.91亿元
固定资产投资增速
25.9%
社会消费品零售总额
1227.9亿元
实际利用外资
67273万美元
居民人均
可支配收入
92040元
中小学在校生数
11.75万人
专利授权量
8220件
执业（助理）医师数
11086人
参加职工基本
医疗保险人数
127.1万人

地区生产总值（亿元）

2727.1
2910.4
2937.0
3236.7
3437.1
2018
2019
2020
2021
2022

一般公共预算收入（亿元）

175.62
189.70
181.41
195.50
184.90
2018
2019
2020
2021
2022

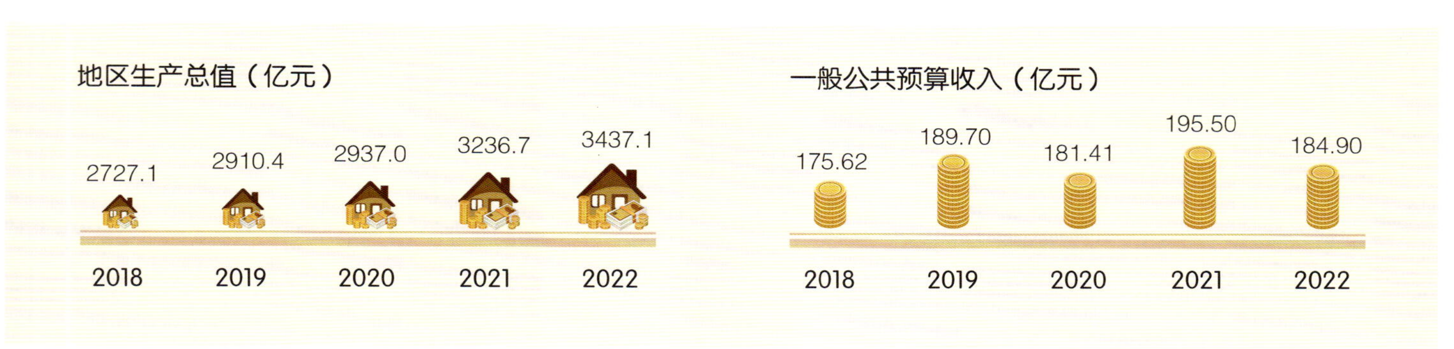

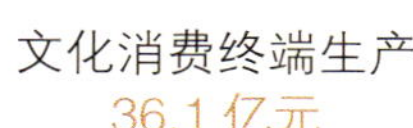

社会消费品零售总额（亿元）

2018	2019	2020	2021	2022
1257.1	1319.5	1213.5	1303.3	1227.9

居民人均可支配收入（元）

2018	2019	2020	2021	2022
75547	81592	83501	89804	92040

西城区

常住人口
110.0 万人

地区生产总值
5700.1亿元

一般公共
预算收入
415.94亿元

一般公共
预算支出
434.97亿元

固定资产投资增速
-6.5%

社会消费品零售总额
987.3亿元

实际利用外资
130443万美元

居民人均
可支配收入
99276元

中小学在校生数
18.21万人

专利授权量
13963件

执业（助理）医师数
14707人

参加职工基本
医疗保险人数
168.6万人

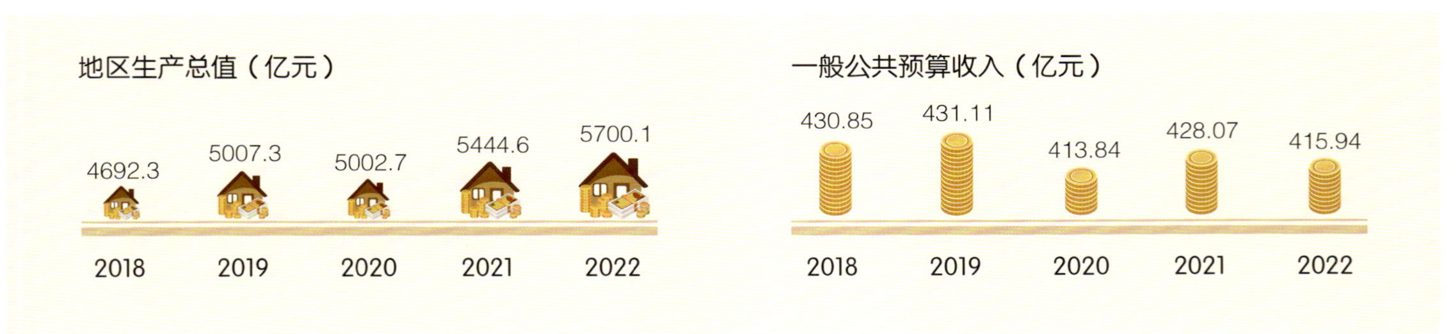

社会消费品零售总额（亿元）

2018	2019	2020	2021	2022
1053.7	1095.5	993.5	1089.4	987.3

居民人均可支配收入（元）

2018	2019	2020	2021	2022
81678	88291	90286	96949	99276

朝阳区

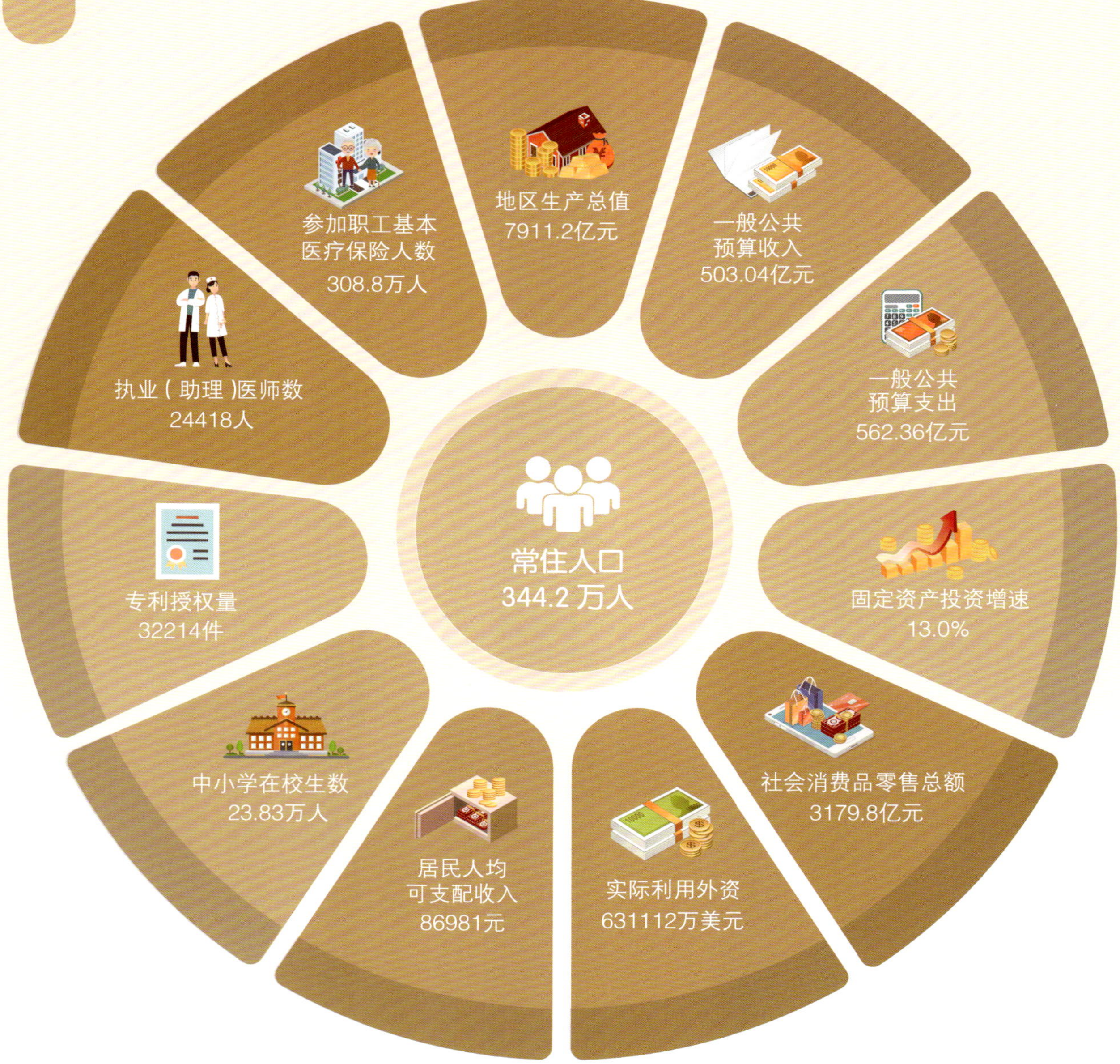

常住人口
344.2 万人
地区生产总值
7911.2亿元
一般公共
预算收入
503.04亿元
一般公共
预算支出
562.36亿元
固定资产投资增速
13.0%
社会消费品零售总额
3179.8亿元
实际利用外资
631112万美元
居民人均
可支配收入
86981元
中小学在校生数
23.83万人
专利授权量
32214件
执业（助理）医师数
24418人
参加职工基本
医疗保险人数
308.8万人

地区生产总值（亿元）

6668.2
7116.4
7037.1
7796.9
7911.2
2018
2019
2020
2021
2022

一般公共预算收入（亿元）

533.68
535.55
511.64
543.41
503.04
2018
2019
2020
2021
2022

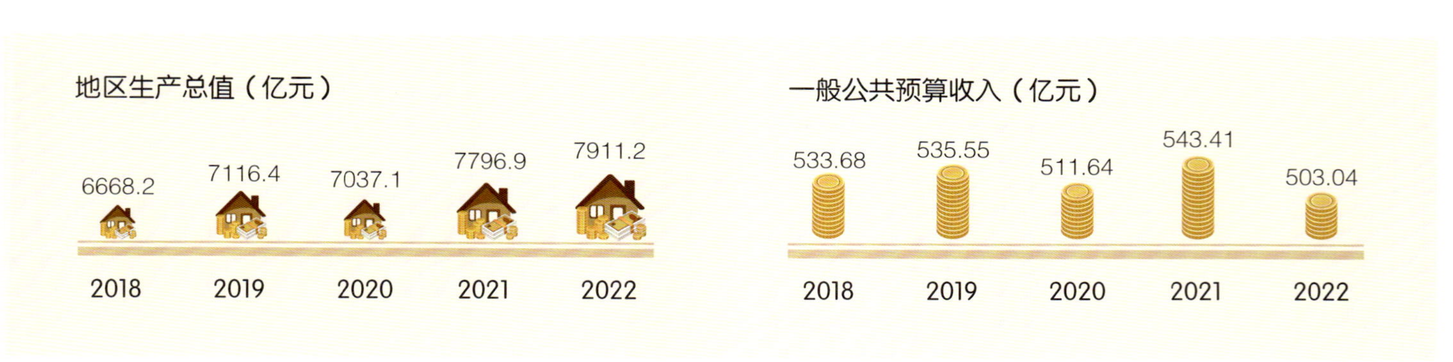

2022

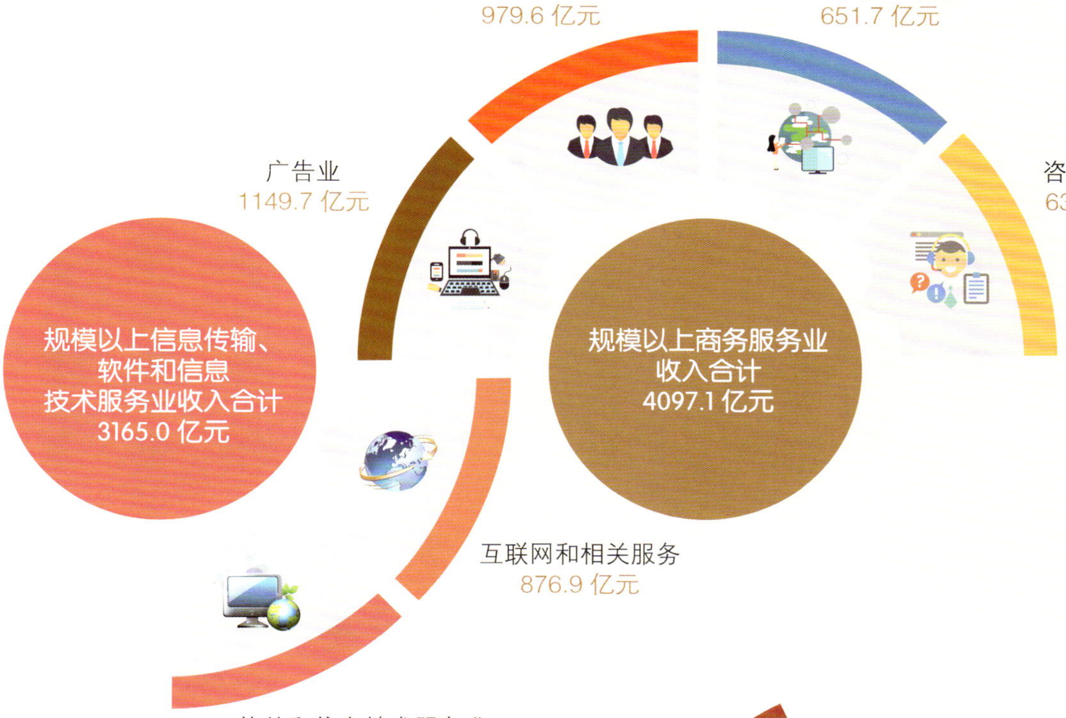

规模以上信息传输、软件和信息技术服务业收入合计 3165.0 亿元

- 广告业 1149.7 亿元
- 互联网和相关服务 876.9 亿元
- 软件和信息技术服务业 2089.6 亿元

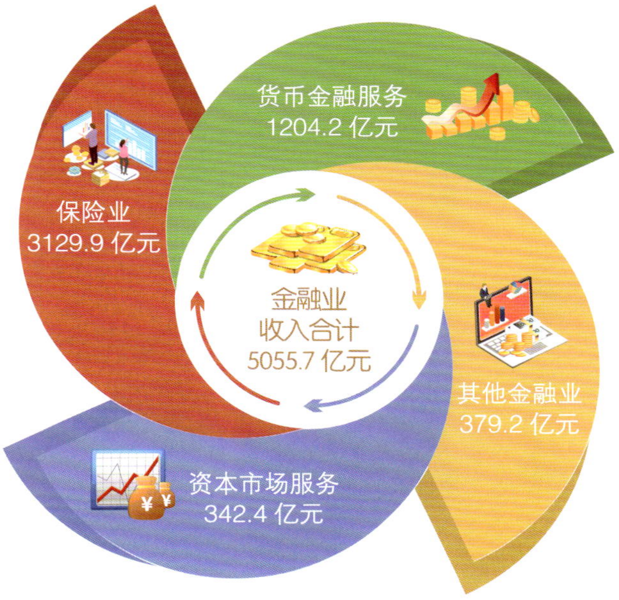

规模以上商务服务业收入合计 4097.1 亿元

- 人力资源服务 979.6 亿元
- 组织管理服务 651.7 亿元
- 咨询与调查 631.5 亿元

研究开发企业有效发明专利量 88585 件 增长 16.4%

金融业收入合计 5055.7 亿元

- 货币金融服务 1204.2 亿元
- 保险业 3129.9 亿元
- 其他金融业 379.2 亿元
- 资本市场服务 342.4 亿元

社会消费品零售总额（亿元）

2018	2019	2020	2021	2022
3407.2	3525.3	3221.7	3554.2	3179.8

居民人均可支配收入（元）

2018	2019	2020	2021	2022
70746	76936	78721	84770	86981

丰台区

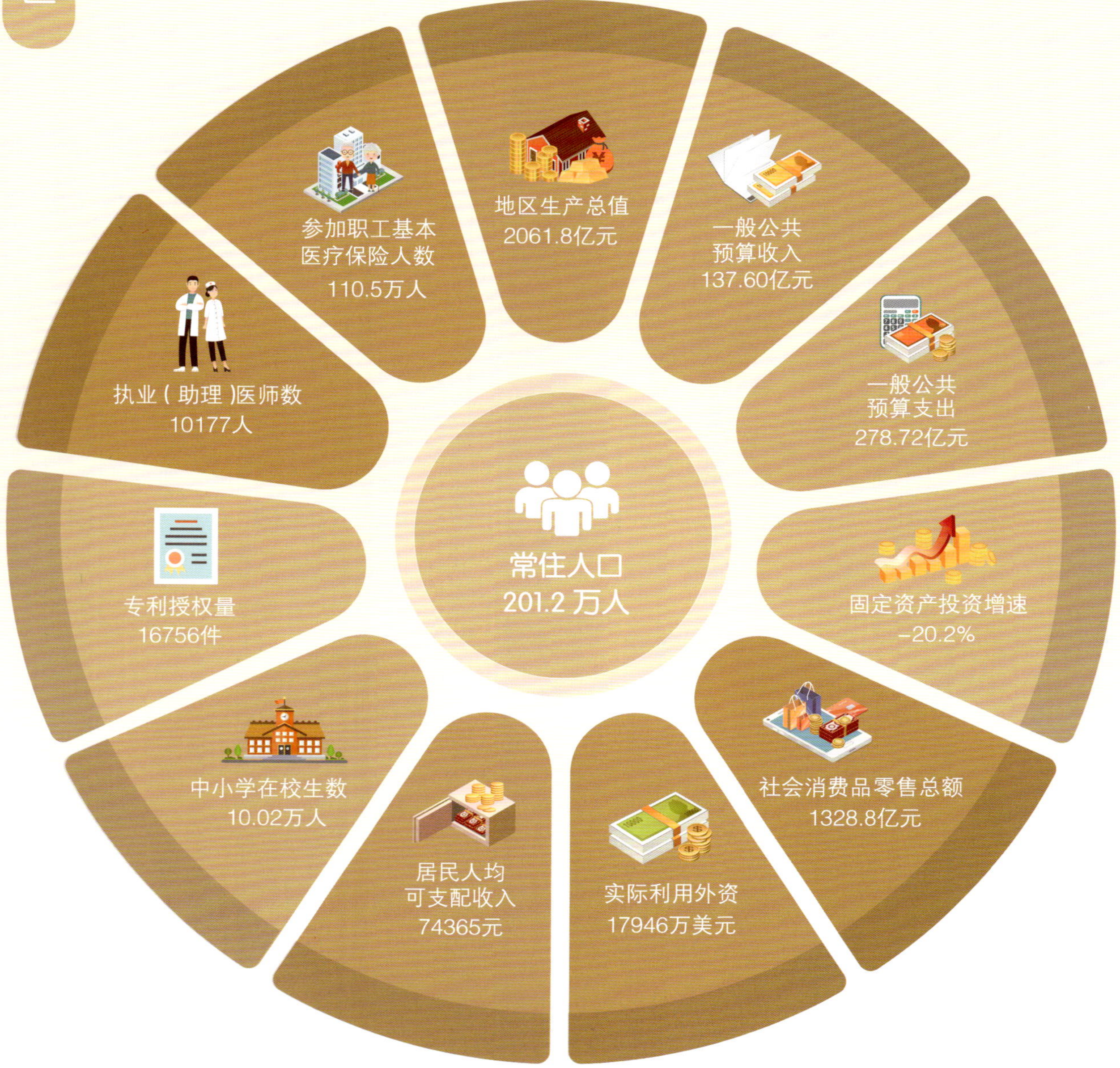
常住人口
201.2 万人
地区生产总值
2061.8亿元
一般公共
预算收入
137.60亿元
一般公共
预算支出
278.72亿元
固定资产投资增速
-20.2%
社会消费品零售总额
1328.8亿元
实际利用外资
17946万美元
居民人均
可支配收入
74365元
中小学在校生数
10.02万人
专利授权量
16756件
执业（助理）医师数
10177人
参加职工基本
医疗保险人数
110.5万人

地区生产总值（亿元）

1710.9
1829.6
1848.5
2023.5
2061.8
2018
2019
2020
2021
2022

一般公共预算收入（亿元）

121.60
127.70
129.88
145.19
137.60
2018
2019
2020
2021
2022

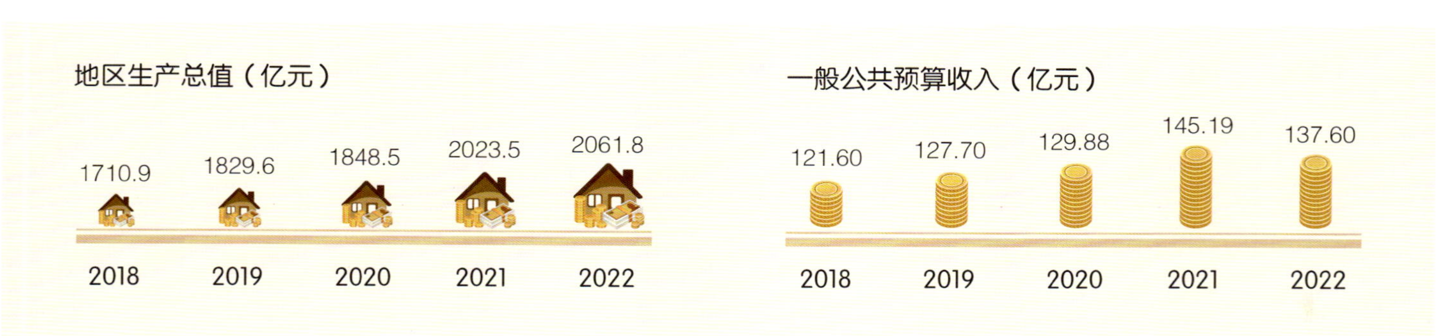

社会消费品零售总额（亿元）

2018	2019	2020	2021	2022
1401.4	1463.9	1318.9	1418.1	1328.8

居民人均可支配收入（元）

2018	2019	2020	2021	2022
60144	65215	66799	72170	74365

石景山区

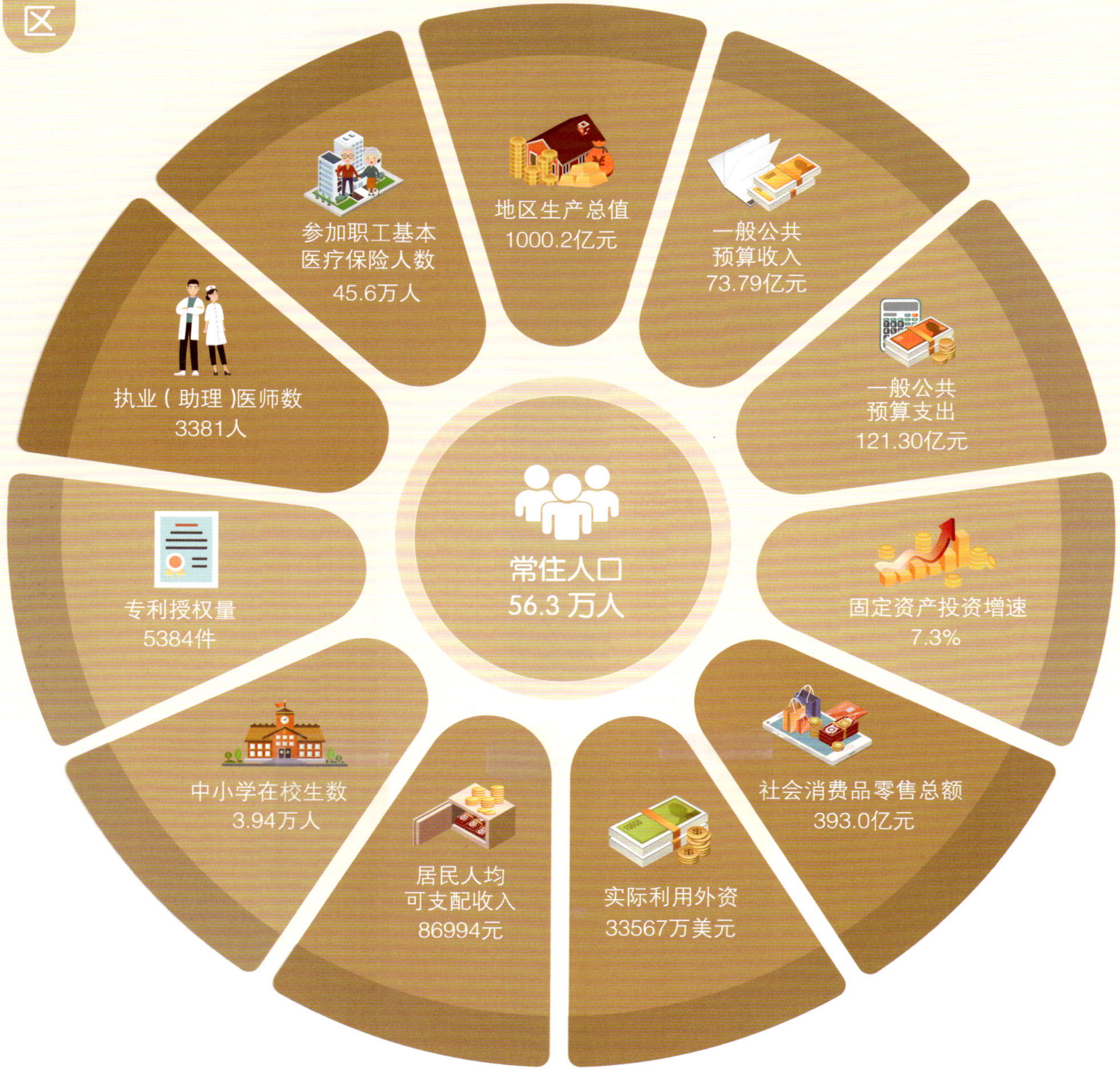

常住人口
56.3 万人

地区生产总值
1000.2亿元

一般公共
预算收入
73.79亿元

一般公共
预算支出
121.30亿元

固定资产投资增速
7.3%

社会消费品零售总额
393.0亿元

实际利用外资
33567万美元

居民人均
可支配收入
86994元

中小学在校生数
3.94万人

专利授权量
5384件

执业（助理）医师数
3381人

参加职工基本
医疗保险人数
45.6万人

中关村国家自主创新
示范区石景山园

总收入
4195.3 亿元

研究开发费用合计
263.3 亿元

信息传输、软件和
信息技术服务业
收入合计 978.5 亿元
利润总额 117.7 亿元
从业人员 35049 人

金融业
收入合计 1230.2 亿元
利润总额 621.8 亿元
从业人员 21181 人

科学研究和技术服务业
收入合计 239.2 亿元
利润总额 5.3 亿元
从业人员 20723 人

社会消费品零售总额（亿元）

2018	2019	2020	2021	2022
416.3	435.7	399.5	439.9	393.0

居民人均可支配收入（元）

2018	2019	2020	2021	2022
71244	76990	78656	84666	86994

海淀区

常住人口
312.4 万人

地区生产总值
10206.9亿元

一般公共
预算收入
490.51亿元

一般公共
预算支出
664.10亿元

固定资产投资增速
5.2%

社会消费品零售总额
2716.5亿元

实际利用外资
637095万美元

居民人均
可支配收入
96153元

中小学在校生数
31.69万人

专利授权量
73036件

执业（助理）医师数
15621人

参加职工基本
医疗保险人数
277.3万人

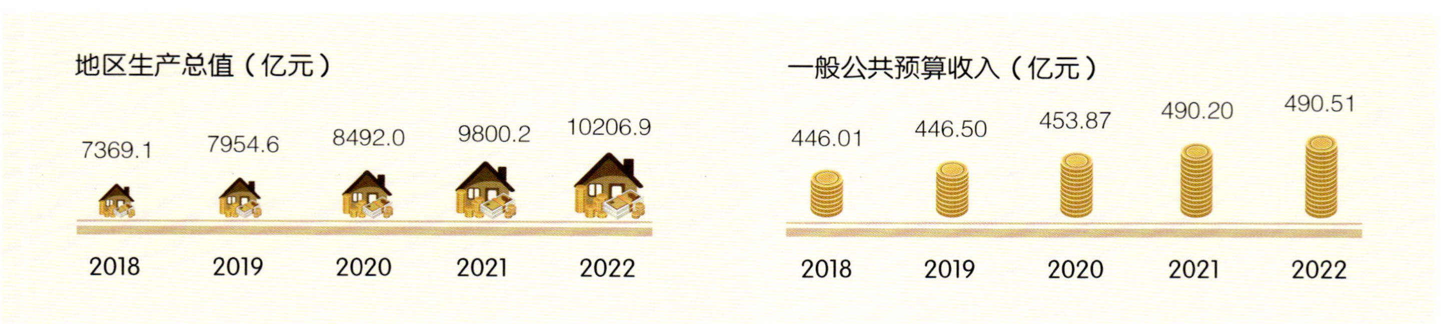

地区生产总值（亿元）

2018	2019	2020	2021	2022
7369.1	7954.6	8492.0	9800.2	10206.9

一般公共预算收入（亿元）

2018	2019	2020	2021	2022
446.01	446.50	453.87	490.20	490.51

社会消费品零售总额（亿元）

2018	2019	2020	2021	2022
2873.1	2972.6	2718.1	2920.8	2716.5

居民人均可支配收入（元）

2018	2019	2020	2021	2022
78178	84733	86742	93478	96153

门头沟区

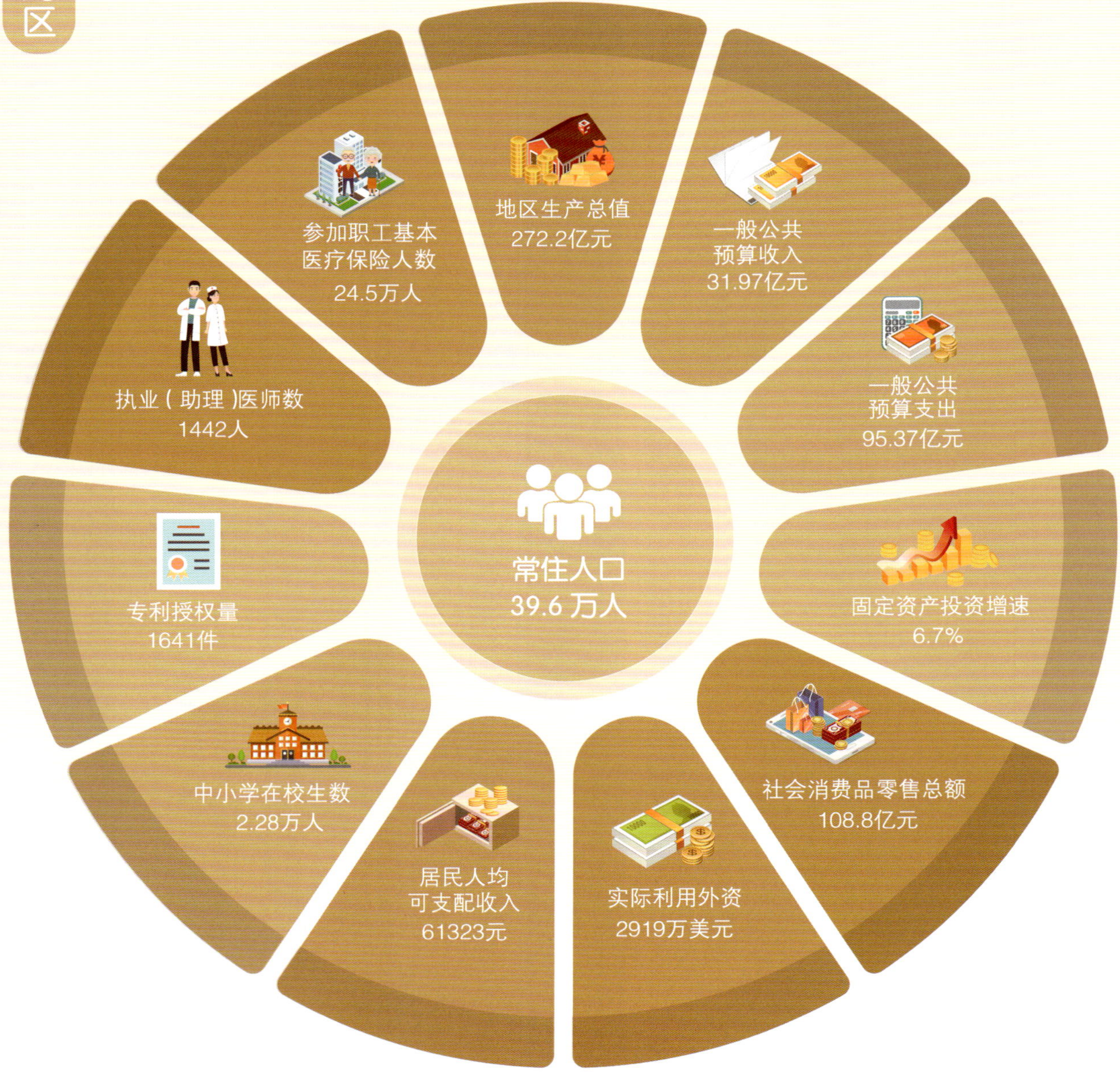

常住人口
39.6 万人

地区生产总值
272.2亿元

一般公共预算收入
31.97亿元

一般公共预算支出
95.37亿元

固定资产投资增速
6.7%

社会消费品零售总额
108.8亿元

实际利用外资
2919万美元

居民人均可支配收入
61323元

中小学在校生数
2.28万人

专利授权量
1641件

执业（助理）医师数
1442人

参加职工基本医疗保险人数
24.5万人

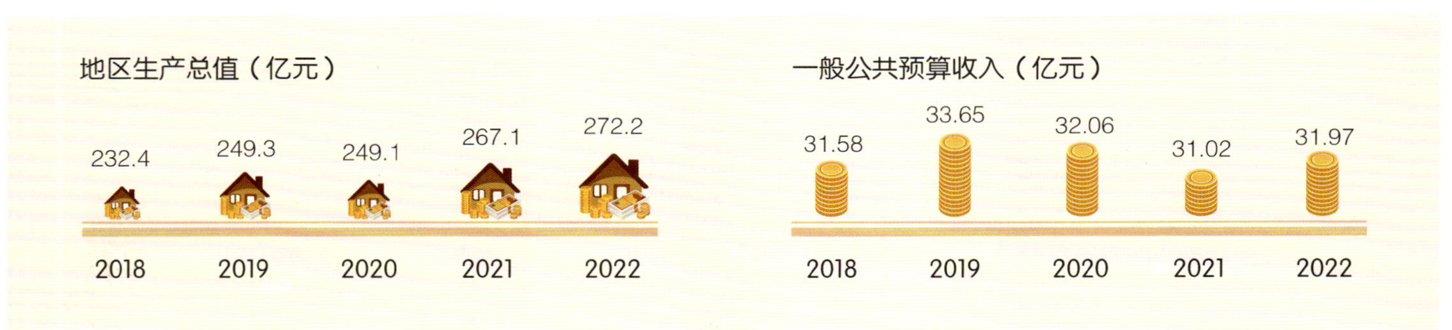

绿化覆盖面积
2161.51 公顷

国家级自然保护区面积
21743.1 公顷

森林覆盖率
48.65%

绿化覆盖率
50.87%

森林面积
70432.65 公顷

休闲农业与乡村旅游收入
9594.5 万元

“门头沟小院”精品民宿收入
5783.3 万元

休闲农业与乡村旅游接待人次
38.3 万人次

“门头沟小院”精品民宿接待人次
12 万人次

社会消费品零售总额（亿元）

2018	2019	2020	2021	2022
103.5	109.5	101.2	113.0	108.8

居民人均可支配收入（元）

2018	2019	2020	2021	2022
49298	53743	55102	59336	61323

房山区

常住人口
131.1万人

地区生产总值
860.9亿元

一般公共
预算收入
92.62亿元

一般公共
预算支出
242.03亿元

固定资产投资增速
5.7%

社会消费品零售总额
349.1亿元

实际利用外资
3002万美元

居民人均
可支配收入
49294元

中小学在校生数
9.09万人

专利授权量
3669件

执业（助理）医师数
4566人

参加职工基本
医疗保险人数
49.3万人

地区生产总值（亿元）

一般公共预算收入（亿元）

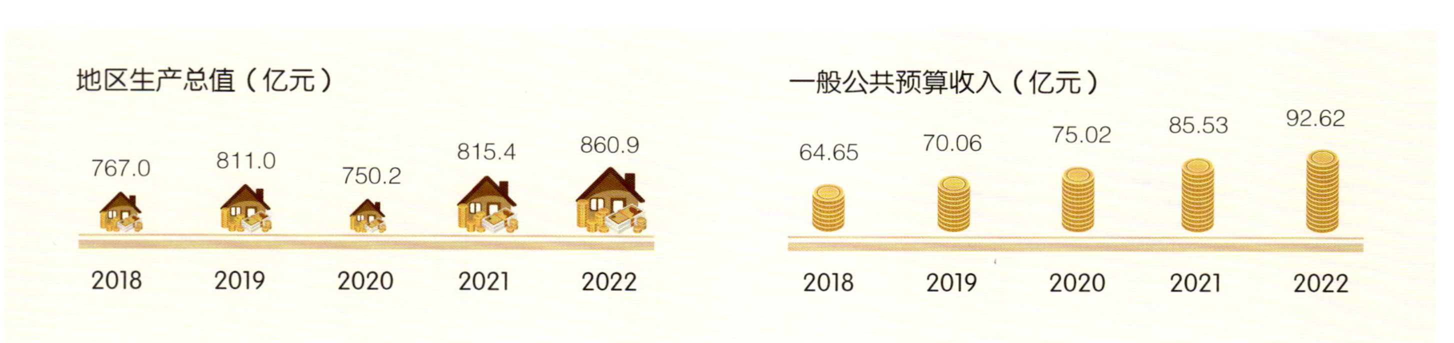

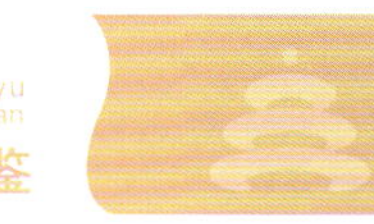

中关村国家自主创新示范区房山园

研究开发费用合计
36.1 亿元
增长 18.8%

技术收入
116.4 亿元
增长 34.6%

工业总产值
349.3 亿元
增长 27.0%

总收入
668.7 亿元
增长 8.8%

新产品产值
126.2 亿元
增长 29.4%

产品销售收入
430.0 亿元
增长 8.1%

社会消费品零售总额（亿元）

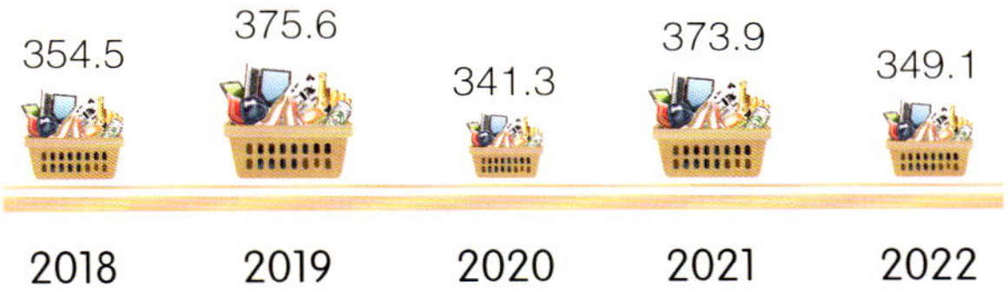

2018	2019	2020	2021	2022
354.5	375.6	341.3	373.9	349.1

居民人均可支配收入（元）

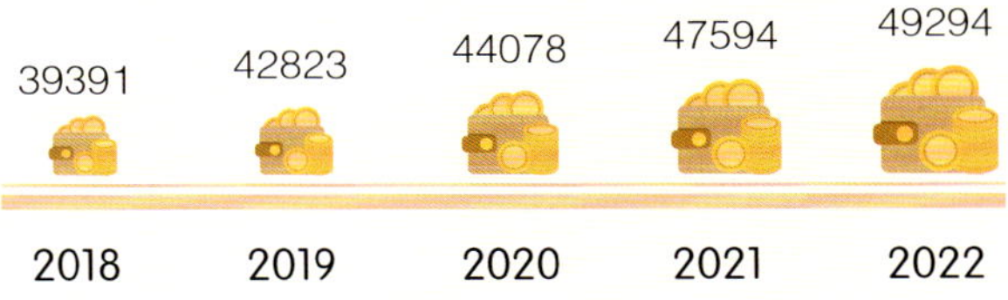

2018	2019	2020	2021	2022
39391	42823	44078	47594	49294

通州区

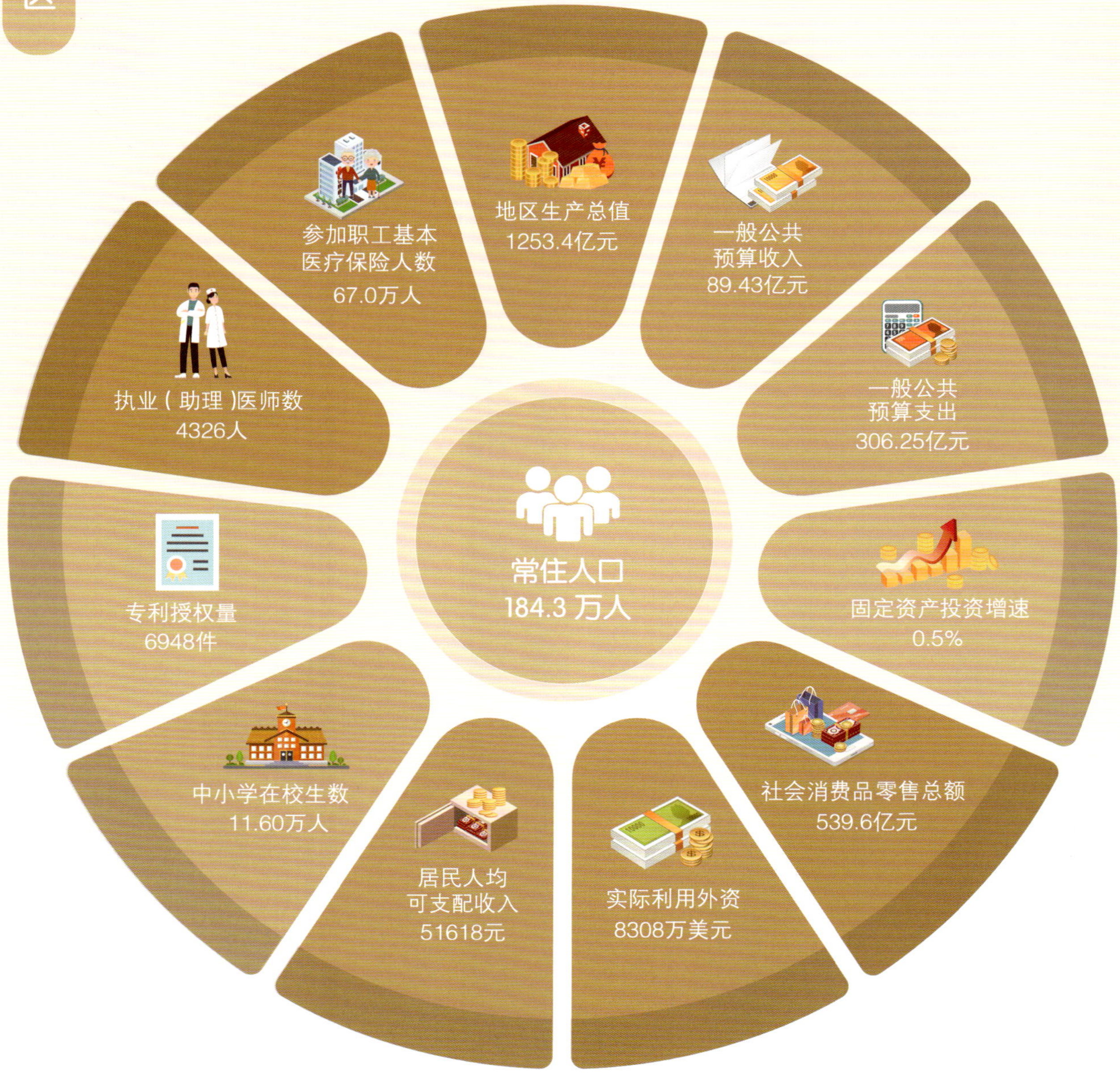

常住人口
184.3 万人
地区生产总值
1253.4亿元
一般公共
预算收入
89.43亿元
一般公共
预算支出
306.25亿元
固定资产投资增速
0.5%
社会消费品零售总额
539.6亿元
实际利用外资
8308万美元
居民人均
可支配收入
51618元
中小学在校生数
11.60万人
专利授权量
6948件
执业(助理)医师数
4326人
参加职工基本
医疗保险人数
67.0万人

地区生产总值(亿元)

986.7
1059.3
1110.5
1208.5
1253.4
2018
2019
2020
2021
2022

一般公共预算收入(亿元)

83.07
88.73
78.73
92.41
89.43
2018
2019
2020
2021
2022

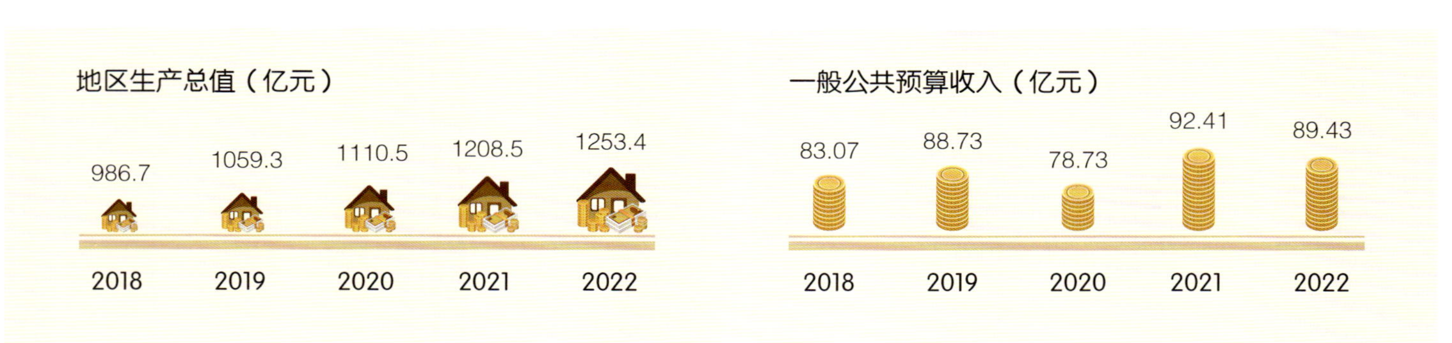

社会消费品零售总额（亿元）

2018	2019	2020	2021	2022
552.2	590.7	529.3	563.6	539.6

居民人均可支配收入（元）

2018	2019	2020	2021	2022
40553	44190	45845	49695	51618

顺义区

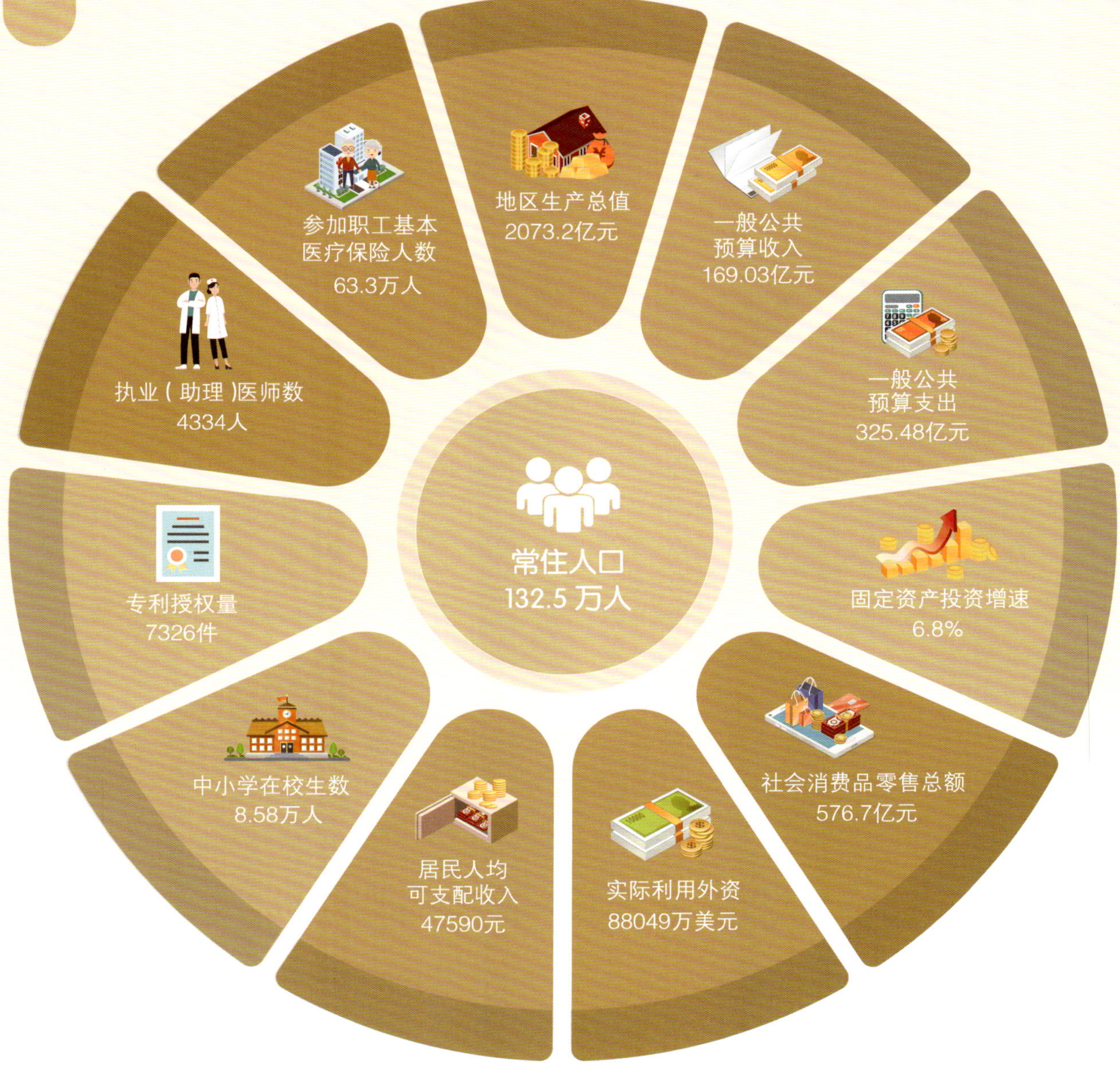

常住人口
132.5 万人

地区生产总值
2073.2亿元

一般公共预算收入
169.03亿元

一般公共预算支出
325.48亿元

固定资产投资增速
6.8%

社会消费品零售总额
576.7亿元

实际利用外资
88049万美元

居民人均可支配收入
47590元

中小学在校生数
8.58万人

专利授权量
7326件

执业（助理）医师数
4334人

参加职工基本医疗保险人数
63.3万人

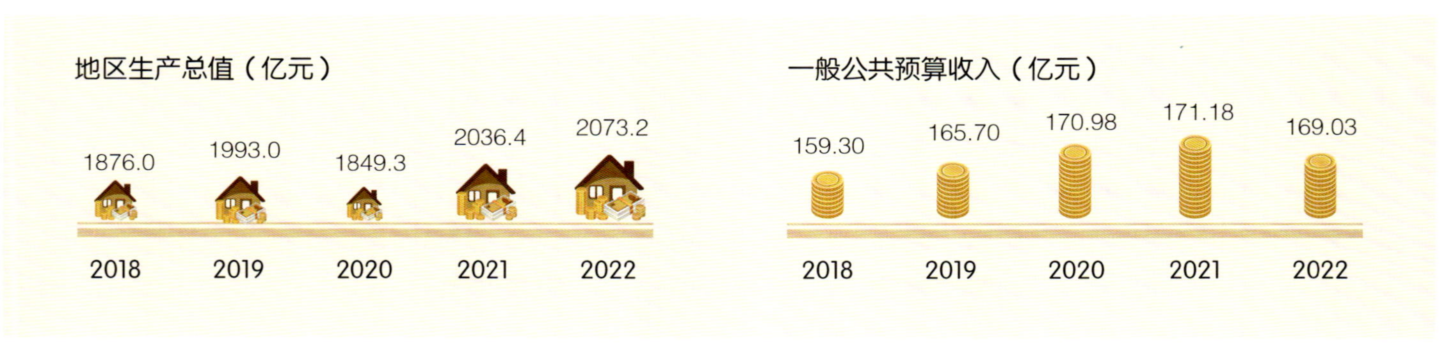

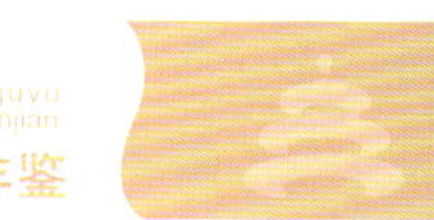

2022

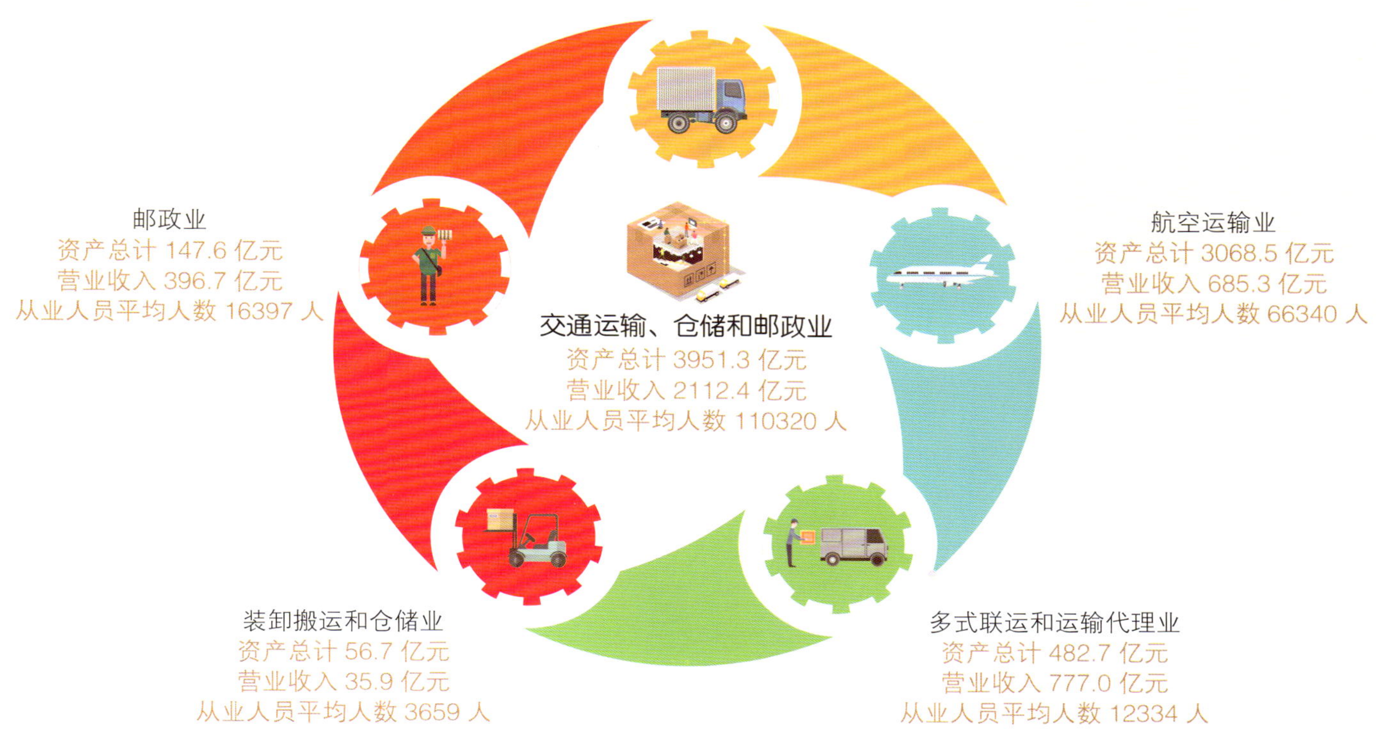

社会消费品零售总额（亿元）

2018	2019	2020	2021	2022
603.6	637.8	562.5	609.0	576.7

居民人均可支配收入（元）

2018	2019	2020	2021	2022
36575	39948	41803	45548	47590

昌平区

常住人口
226.7 万人

地区生产总值
1340.8亿元

一般公共
预算收入
135.19亿元

一般公共
预算支出
270.73亿元

固定资产投资增速
7.5%

社会消费品零售总额
683.6亿元

实际利用外资
36919万美元

居民人均
可支配收入
58483元

中小学在校生数
9.27万人

专利授权量
10606件

执业（助理）医师数
7753人

参加职工基本
医疗保险人数
60.5万人

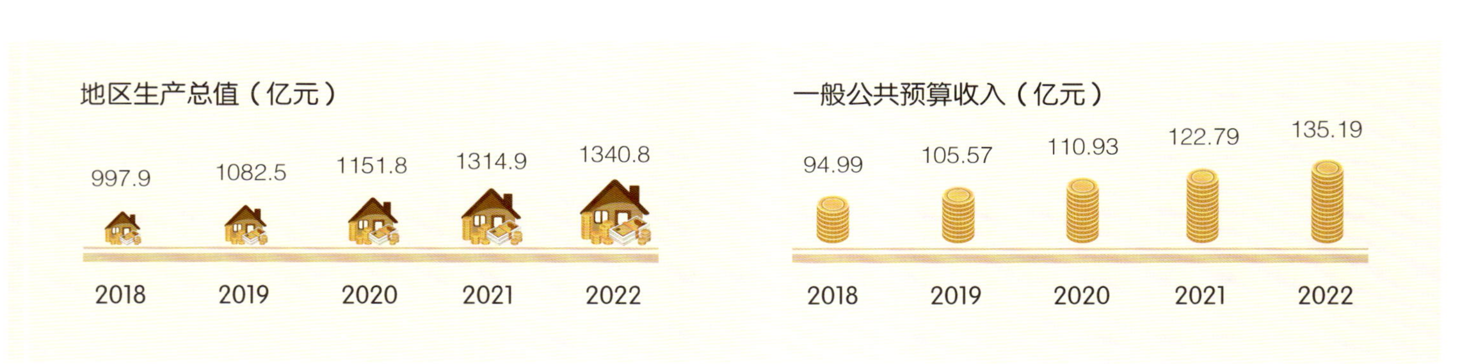

地区生产总值（亿元）

2018	2019	2020	2021	2022
997.9	1082.5	1151.8	1314.9	1340.8

一般公共预算收入（亿元）

2018	2019	2020	2021	2022
94.99	105.57	110.93	122.79	135.19

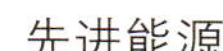

先进能源
规模以上单位 198 家
实现收入 2379.8 亿元
占全区规模以上单位收入比重 31.2%

先进制造
规模以上单位 194 家
实现收入 1507.2 亿元
占全区规模以上单位收入比重 19.8%

医药健康
规模以上单位 222 家
实现收入 799.6 亿元
占全区规模以上单位收入比重 10.5%

创新发展
未来科学城企业实现研发费用 130.1 亿元
增长 36.9%
拥有研发人员 2.4 万人
增长 14.3%

社会消费品零售总额（亿元）

2018	2019	2020	2021	2022
708.5	743.7	670.0	711.6	683.6

居民人均可支配收入（元）

2018	2019	2020	2021	2022
45399	49669	51587	56075	58483

大兴区

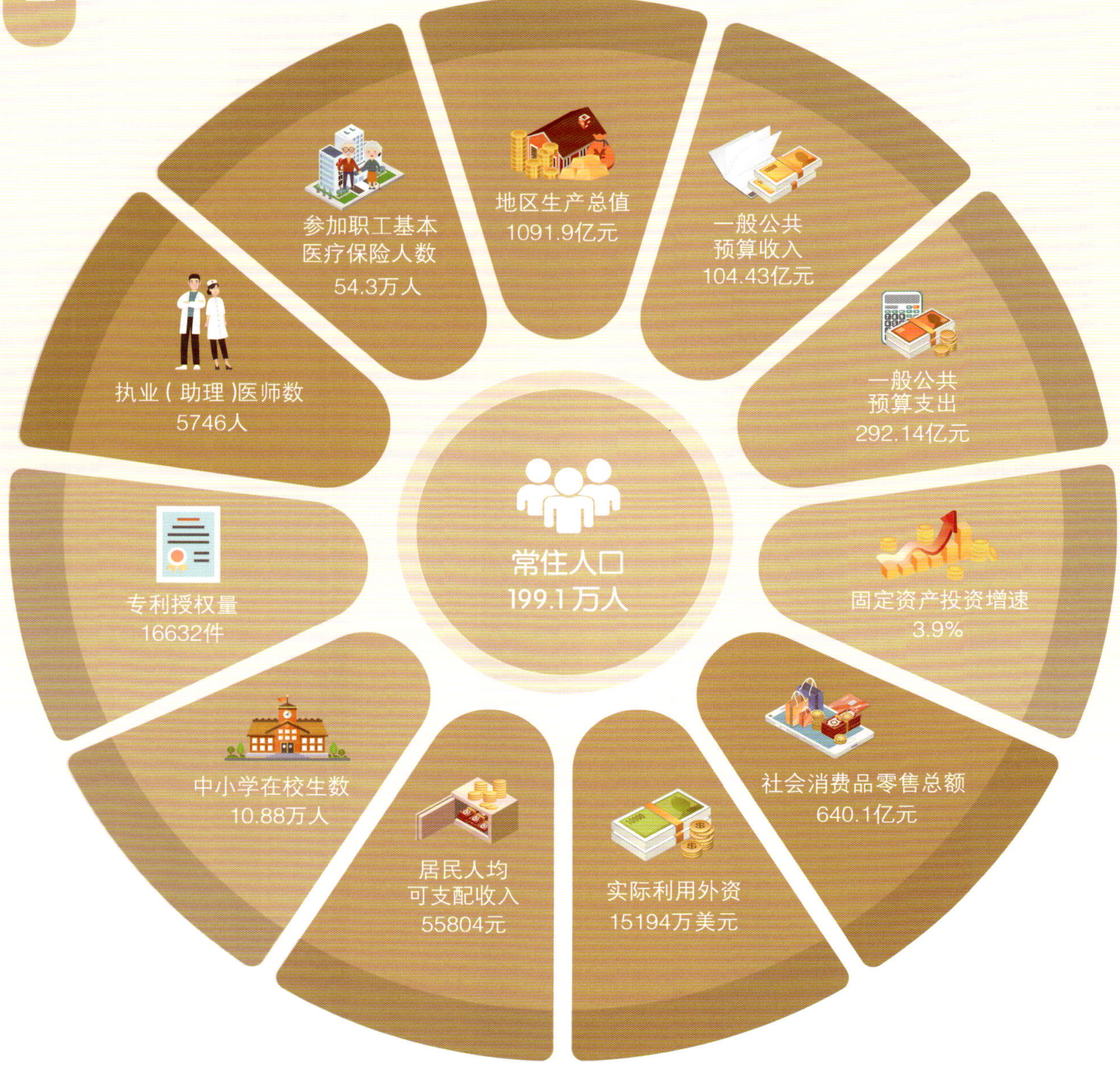

常住人口
199.1万人

地区生产总值
1091.9亿元

一般公共
预算收入
104.43亿元

一般公共
预算支出
292.14亿元

固定资产投资增速
3.9%

社会消费品零售总额
640.1亿元

实际利用外资
15194万美元

居民人均
可支配收入
55804元

中小学在校生数
10.88万人

专利授权量
16632件

执业(助理)医师数
5746人

参加职工基本
医疗保险人数
54.3万人

注：地区生产总值、固定资产投资增速、社会消费品零售总额不含北京经济技术开发区数据。

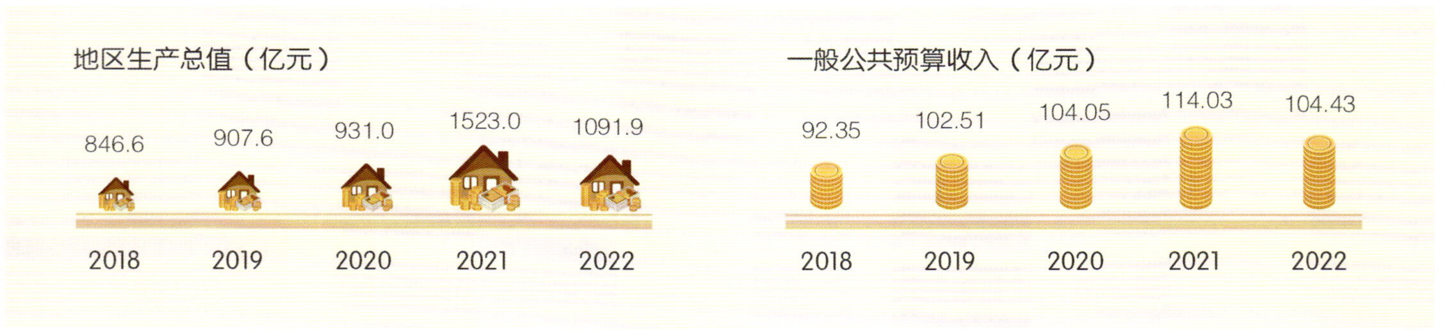

规模以上工业总产值
1032.9 亿元

其中：医药制造业
418.2 亿元

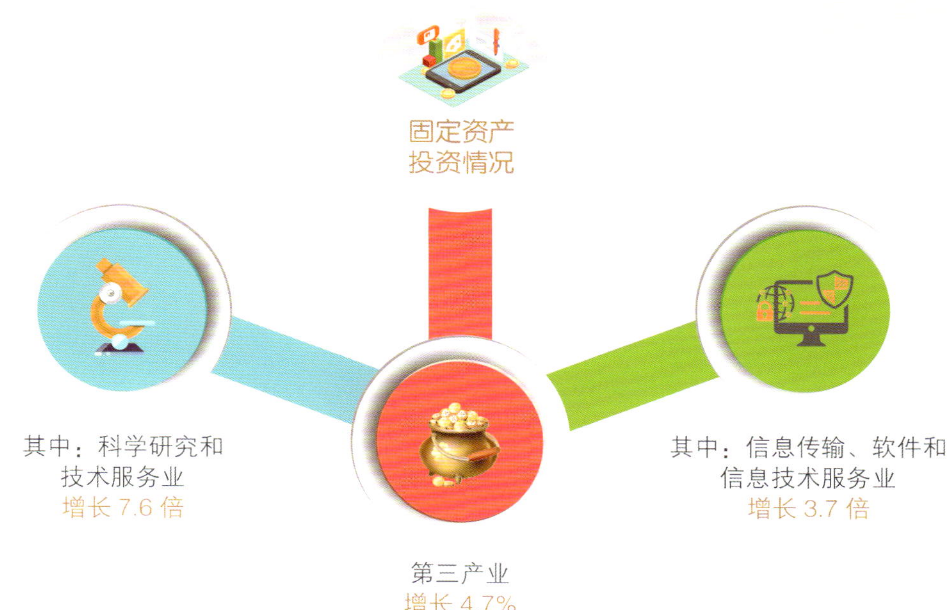

社会消费品零售总额（亿元）

2018	2019	2020	2021	2022
643.6	684.0	618.6	673.1	640.1

居民人均可支配收入（元）

2018	2019	2020	2021	2022
43464	47432	49206	53454	55804

怀柔区

常住人口
43.9 万人

地区生产总值
451.5亿元

一般公共
预算收入
43.47亿元

一般公共
预算支出
120.67亿元

固定资产投资增速
5.2%

社会消费品零售总额
230.3亿元

实际利用外资
16426万美元

居民人均
可支配收入
47150元

中小学在校生数
2.95万人

专利授权量
2302件

执业（助理）医师数
1884人

参加职工基本
医疗保险人数
25.7万人

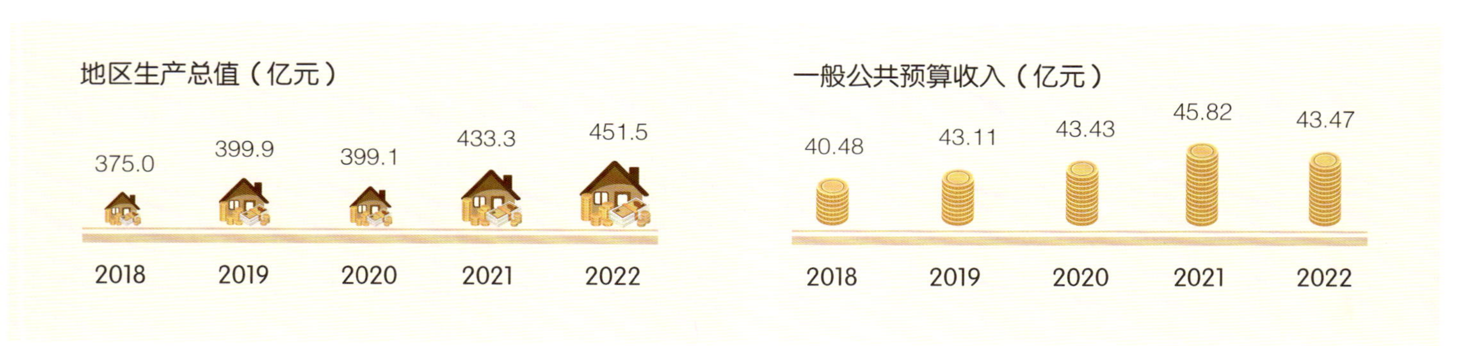

地区生产总值（亿元）

2018	2019	2020	2021	2022
375.0	399.9	399.1	433.3	451.5

一般公共预算收入（亿元）

2018	2019	2020	2021	2022
40.48	43.11	43.43	45.82	43.47

社会消费品零售总额（亿元）

2018	2019	2020	2021	2022
208.2	220.2	203.1	228.1	230.3

居民人均可支配收入（元）

2018	2019	2020	2021	2022
36797	40067	41779	45292	47150

平谷区

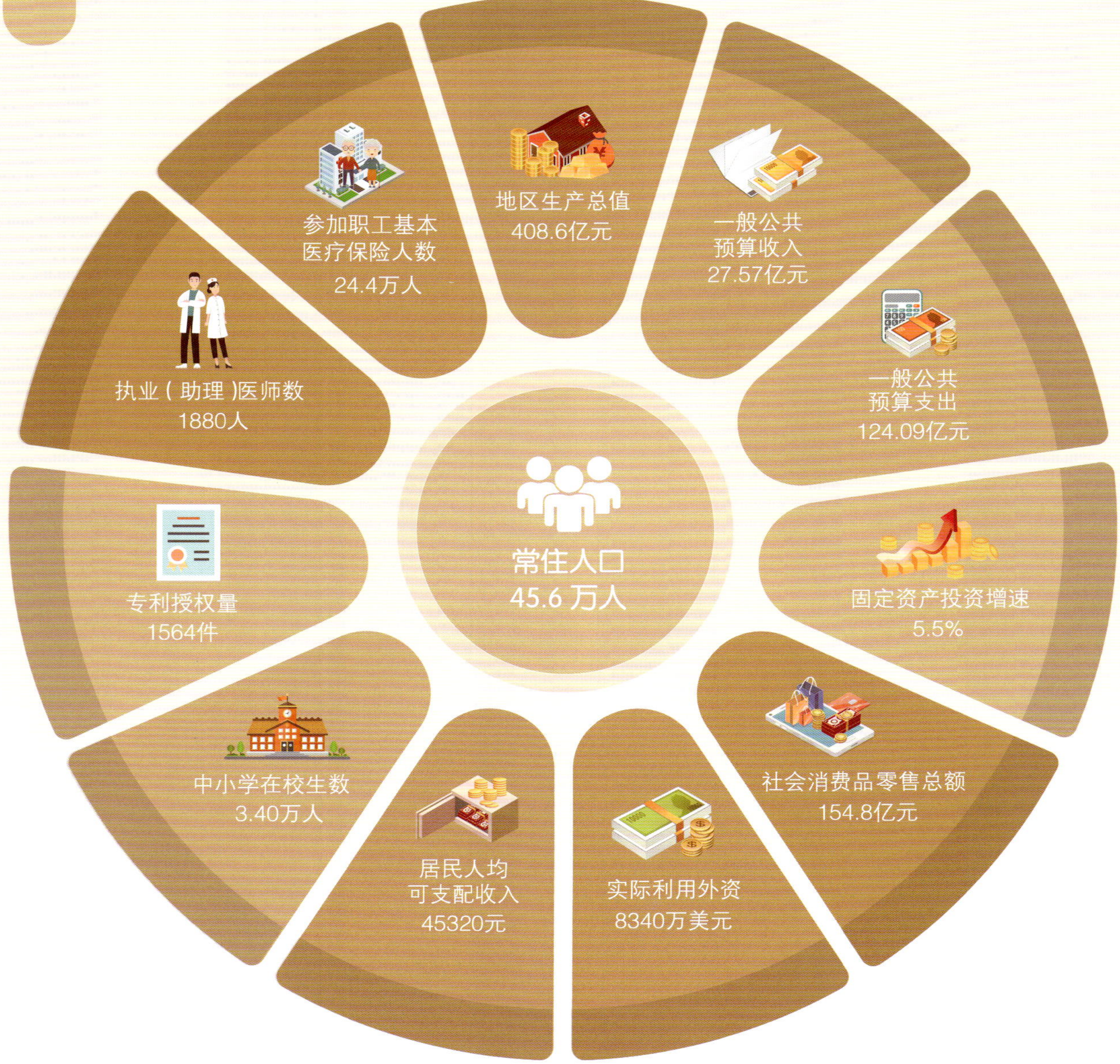

常住人口
45.6 万人

地区生产总值
408.6亿元

一般公共
预算收入
27.57亿元

一般公共
预算支出
124.09亿元

固定资产投资增速
5.5%

社会消费品零售总额
154.8亿元

实际利用外资
8340万美元

居民人均
可支配收入
45320元

中小学在校生数
3.40万人

专利授权量
1564件

执业（助理）医师数
1880人

参加职工基本
医疗保险人数
24.4万人

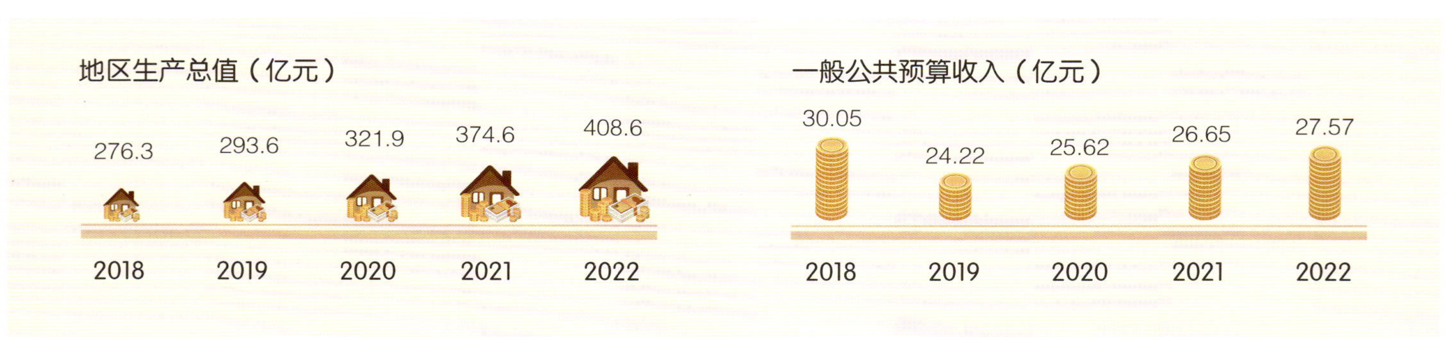

规模以上工业专用设备制造业产值
400075 万元
增长 1.1 倍

设施农业产值
30748 万元
增长 16.0%

蔬菜及食用菌产值
39916 万元
增长 22.9%

信息传输、软件和信息技术服务业营业收入
5767443 万元
增长 51.4%

种业收入
22051 万元
增长 1.0%

精品民宿总收入
3067 万元
增长 30.9%

社会消费品零售总额（亿元）

2018	2019	2020	2021	2022
156.6	166.2	156.2	159.8	154.8

居民人均可支配收入（元）

2018	2019	2020	2021	2022
36012	38949	40274	43602	45320

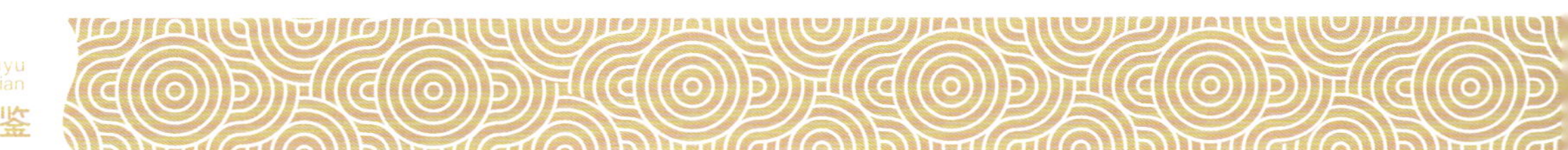

密云区

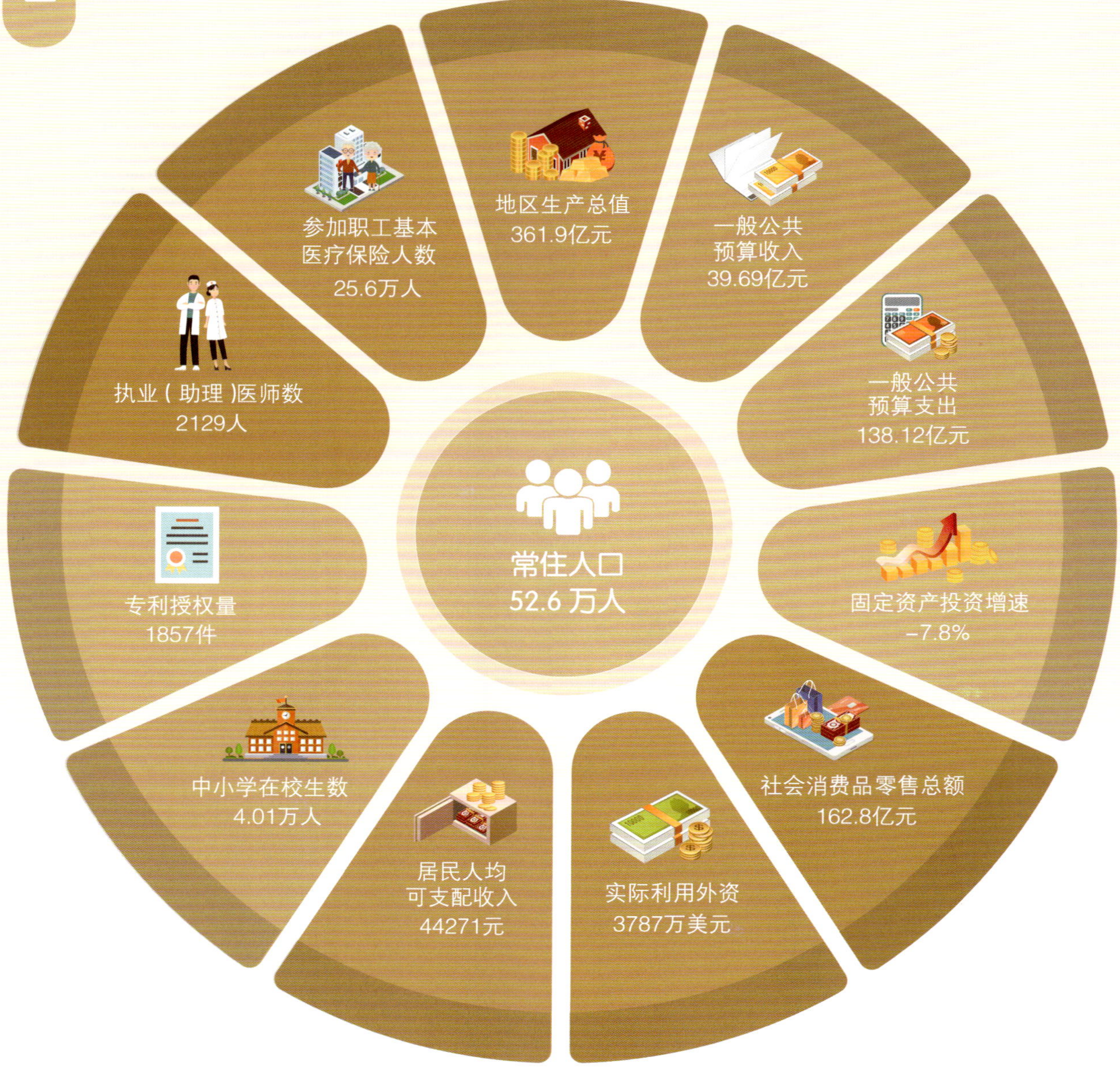
地区生产总值
361.9亿元
一般公共
预算收入
39.69亿元
一般公共
预算支出
138.12亿元
固定资产投资增速
-7.8%
社会消费品零售总额
162.8亿元
实际利用外资
3787万美元
居民人均
可支配收入
44271元
中小学在校生数
4.01万人
专利授权量
1857件
执业（助理）医师数
2129人
参加职工基本
医疗保险人数
25.6万人
常住人口
52.6 万人

地区生产总值（亿元）

317.5
341.0
333.4
356.4
361.9
2018
2019
2020
2021
2022

一般公共预算收入（亿元）

36.30
37.46
39.31
40.98
39.69
2018
2019
2020
2021
2022

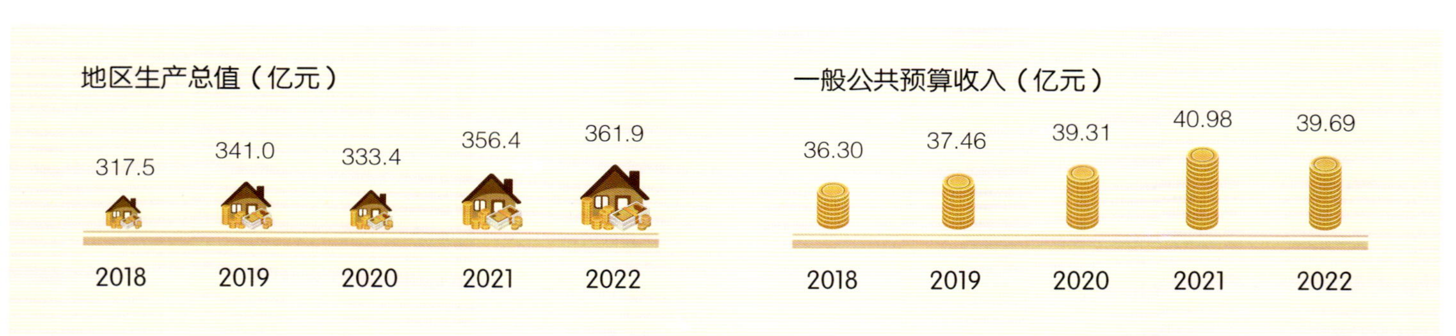

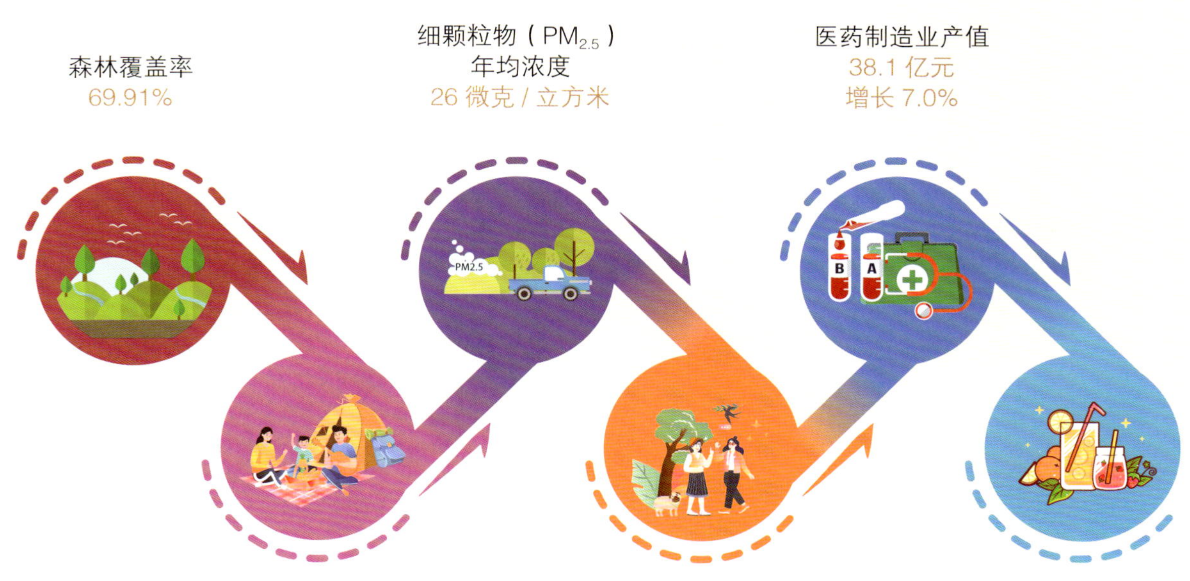

社会消费品零售总额（亿元）

2018	2019	2020	2021	2022
161.4	174.3	160.9	169.4	162.8

居民人均可支配收入（元）

2018	2019	2020	2021	2022
34951	38004	39282	42634	44271

延庆区

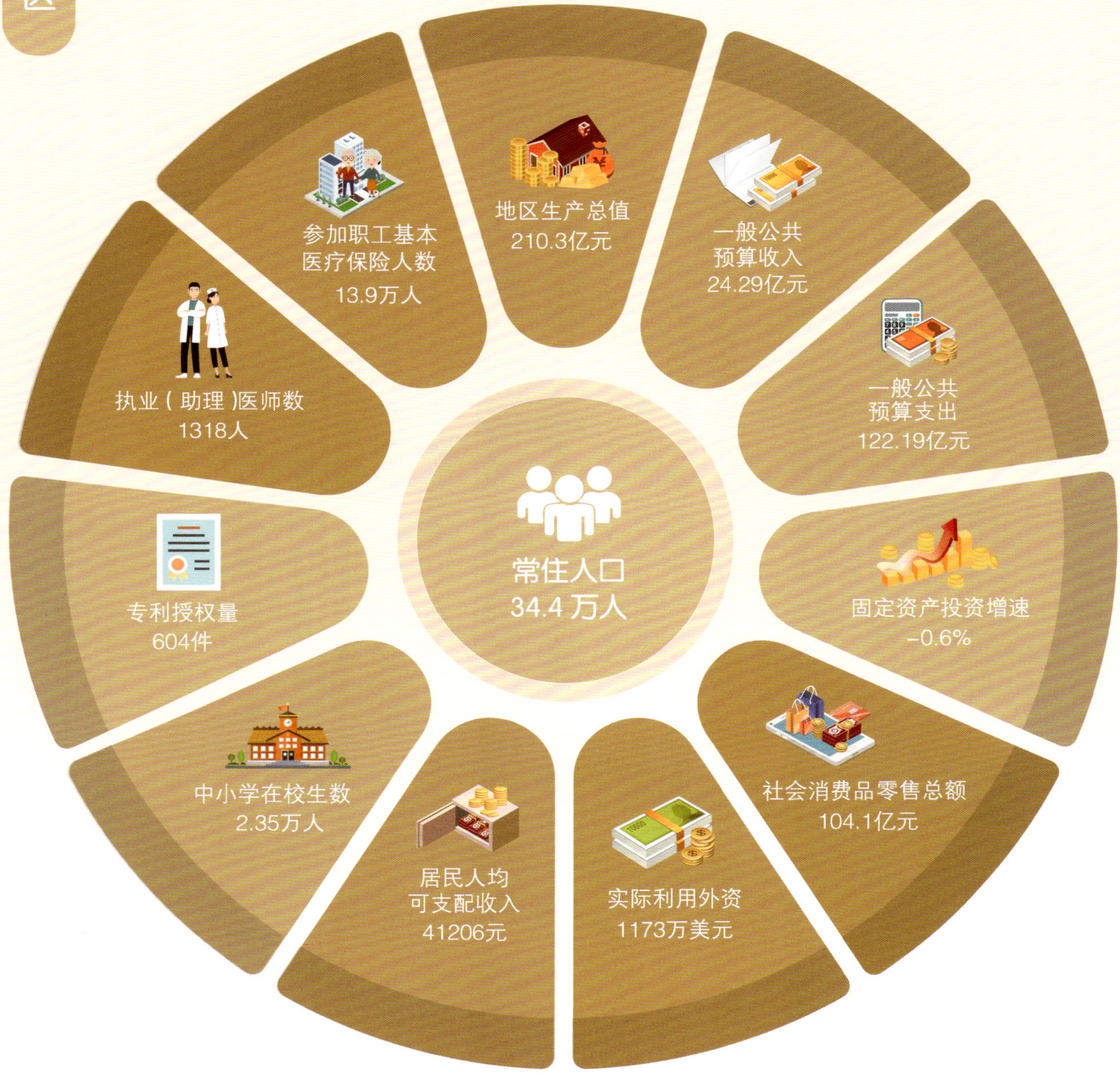

常住人口
34.4 万人
地区生产总值
210.3亿元
一般公共
预算收入
24.29亿元
一般公共
预算支出
122.19亿元
固定资产投资增速
-0.6%
社会消费品零售总额
104.1亿元
实际利用外资
1173万美元
居民人均
可支配收入
41206元
中小学在校生数
2.35万人
专利授权量
604件
执业（助理）医师数
1318人
参加职工基本
医疗保险人数
13.9万人

地区生产总值（亿元）

179.3
195.3
195.7
201.0
210.3
2018
2019
2020
2021
2022

一般公共预算收入（亿元）

19.17
21.45
22.76
23.45
24.29
2018
2019
2020
2021
2022

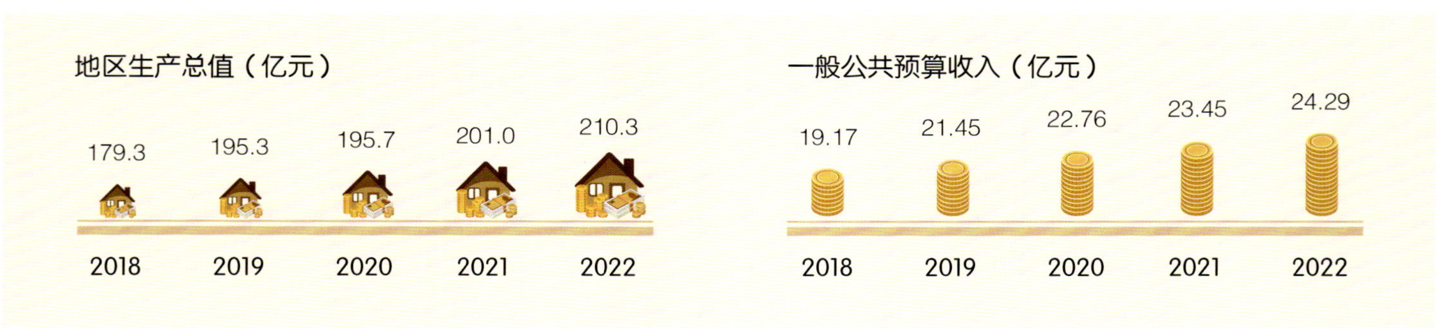

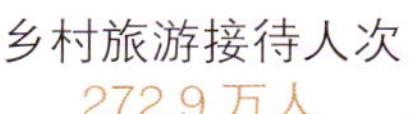

乡村旅游接待人次
272.9 万人

乡村旅游总收入
3.36 亿元

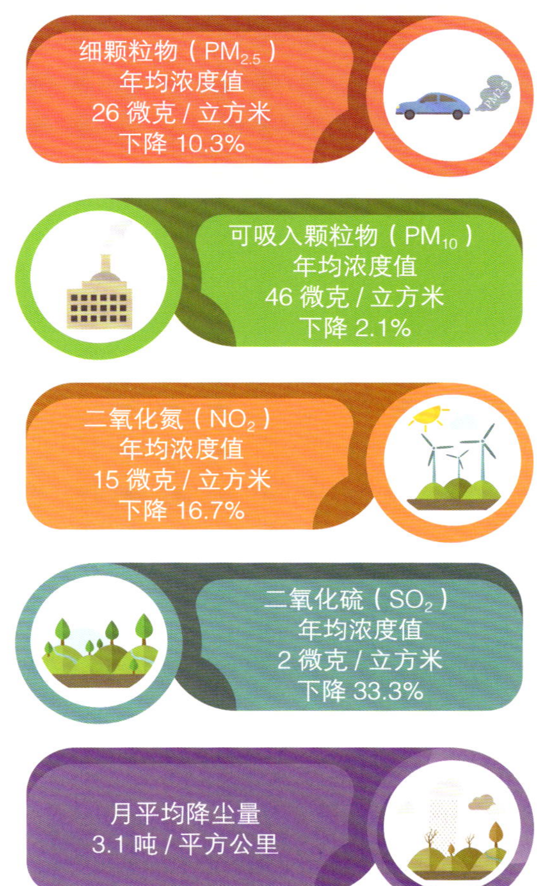

社会消费品零售总额（亿元）

2018	2019	2020	2021	2022
100.2	108.0	99.7	109.1	104.1

居民人均可支配收入（元）

2018	2019	2020	2021	2022
33887	36482	37385	40148	41206

北京经济技术开发区

2022

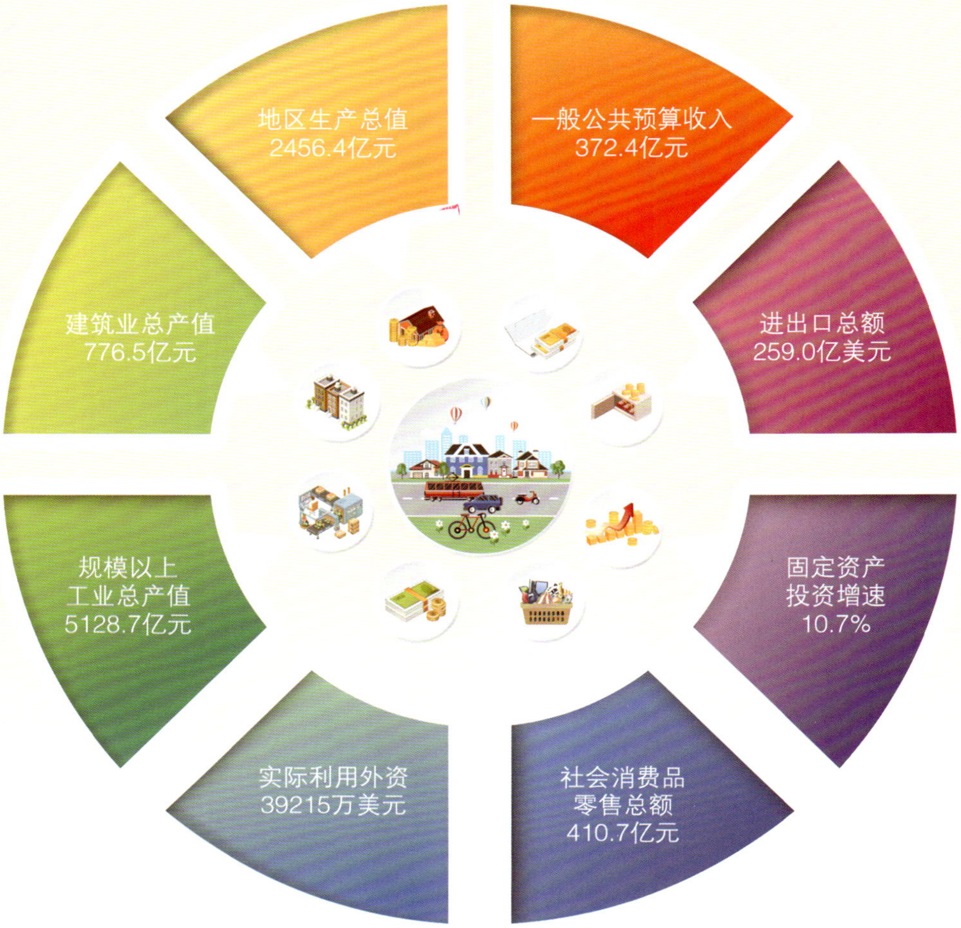

地区生产总值
2456.4亿元

一般公共预算收入
372.4亿元

进出口总额
259.0亿美元

固定资产
投资增速
10.7%

社会消费品
零售总额
410.7亿元

实际利用外资
39215万美元

规模以上
工业总产值
5128.7亿元

建筑业总产值
776.5亿元

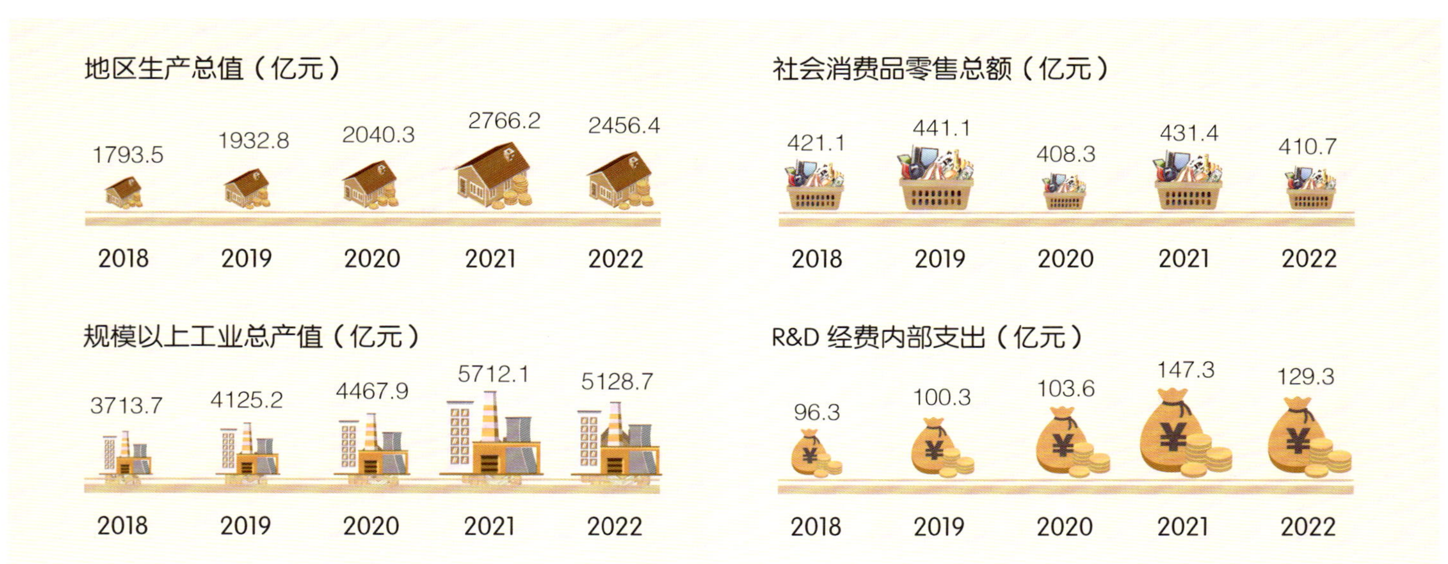

《北京区域统计年鉴2023》
编辑委员会及编辑工作人员

编 委 会

编辑工作人员

编 辑 说 明

《北京区域统计年鉴2023》是一部全面、系统反映北京市各区2022年经济社会发展状况的年度资料，同时收录了四大直辖市、京津冀地区、长三角地区、珠三角地区2022年主要指标数据。

1. 全书共包括8个部分，分别为：全市主要数据，各区历史数据，各区主要数据，开发区主要数据，特色功能区主要数据，四大直辖市主要数据，京津冀、长三角、珠三角主要数据，北京与全国主要数据对比。

2. 与2022年版区域统计年鉴相比，主要做了如下调整：在“全市主要数据”章节中，增加“城镇调查失业率”有关数据；在“各区历史数据”章节中，将主要年份指标数据调整为近十年指标数据；在“各区主要数据”章节中，增加“火灾事故情况”；对“开发区主要数据”章节中的统计表内容进行了调整。

3. 分区资料除特殊说明外，全部为“在地”（即：法人经营地）口径。受统计口径和资料来源不同等因素影响，书内所列分区数据可能与区统计部门编印的统计资料不同，请读者在使用时加以注意。分区资料中若未单独列出北京经济技术开发区，则其数据包含在大兴区中。

4. 数据资料来源均在表下进行了注明，未注明资料来源的分区数据均由北京市统计局、国家统计局北京调查总队提供；全国及外省市统计资料摘自《中国统计年鉴》及相关省市统计年鉴等，具体数据来源请参阅各章简要说明。

5. 书中使用的符号说明：“…”表示数据不足本表最小单位；“空格”表示该项指标数据不详或没有数据；“#”表示其中项目；“‖”表示不在同一分组类中的其中项。

6. 本年鉴配有电子光盘，辅助用户对数据进行加工处理。

7. 本年鉴中涉及的历史数据，均以最新出版的本年鉴数据为准；年鉴中部分数据合计数或相对数由于单位取舍不同而产生的计算误差，均未作机械调整。

目　录

第一章　全市主要数据

第二章　各区历史数据

第三章 各区主要数据

第四章　开发区主要数据

第五章　特色功能区主要数据

第六章　四大直辖市主要数据

第七章　京津冀、长三角、珠三角主要数据

第八章　北京与全国主要数据对比

附　录　指标解释

2023
北京区域统计年鉴

BEIJING AREA
STATISTICAL YEARBOOK

全市主要数据

简要说明

一、本章资料的主要内容

本章主要包括反映北京市经济社会发展情况的总量、结构、效益指标及“十四五”时期监测指标等。

二、本章资料的数据来源

北京市经济社会主要指标及“十四五”时期主要监测指标资料由北京市统计局根据相关资料整理。

三、有关统计标准变化和数据调整的说明

为更好地反映我国三次产业的发展情况，满足国民经济核算、服务业统计及其他统计调查对三次产业划分的需求，根据《国民经济行业分类》（GB/T 4754—2011），国家统计局对 2003 年《三次产业划分规定》进行了修订。

根据国家统计局要求，自 2015 年起北京按照城乡住户调查一体化改革后新口径发布全市和分城乡的居民收支数据，增长速度为同口径增速。

2016 年按照国家统计局统一部署，开始实施地区研发支出核算方法改革，并对全市 1996 年以来地区生产总值进行了调整。

2018 年北京市第四次全国经济普查后，根据普查结果对地区生产总值、能源消费、社会消费品零售总额、研究与试验发展等相关历史数据进行了修订。

2020 年北京市第七次全国人口普查后，根据普查结果对 2011-2019 年人口数据进行了修订。

1-1 “十四五”时期经济社会发展主要监测指标

项 目		“十四五”时期监测发展目标	2022
常住人口规模	（万人）	≤2300	2184.3
地区生产总值年均增速	（%）	5左右	【4.7】
城市副中心和平原新城增加值占地区生产总值比重	（%）	>23	21.8
全员劳动生产率	（万元/人）	35左右	36.3
全社会研究与实验发展经费支出占地区生产总值比重	（%）	6左右	6.83
每万人口高价值发明专利拥有量	（件）	82左右	112.0
数字经济增加值年均增速（当年价格）	（%）	7.5左右	【9.8】
全市居民可支配收入年均实际增速	（%）	与经济增长基本同步	【4.1】
实际利用外资规模	（亿美元）	累计830左右	318.4
生产生活用水总量	（亿立方米）	<30	24.6
地表水质量达到或好于III类水体比例	（%）	达到国家要求	76
细颗粒物（$PM_{2.5}$）年均浓度	（微克/立方米）	达到国家要求	30
森林覆盖率	（%）	45	44.8
单位地区生产总值能耗降幅	（%）	达到国家要求	3.58
每千常住人口执业（助理）医师数	（人）	5.6左右	5.72
单位地区生产总值生产安全事故死亡率	（人/百亿元）	<0.9	0.96
食品安全抽检合格率	（%）	>98.5	98.52
药品抽验合格率	（%）	>99	100.00

注：【】内数据为“十四五”以来年均增速。

1-2　主要年份国民经济和社会发展总量指标

项　　目		1990	1995	2000
人口与就业				
年末全市常住人口	（万人）	1086.0	1251.1	1363.6
#城镇人口		798.0	946.2	1057.4
年末户籍人口	（万人）	1032.2	1070.3	1107.5
常住就业人口	（万人）			
城镇非私营单位在岗职工平均工资	（元）	2653	8144	15726
年末实有城镇登记失业人员	（万人）	1.67	2.19	3.32
国民经济核算				
地区生产总值	（亿元）	500.8	1516.2	3277.8
人均地区生产总值	（元）	4635	12762	25014
价格指数（上年=100）				
居民消费价格指数		105.4	117.3	103.5
工业生产者出厂价格指数		107.9	107.3	102.5
人民生活				
全市居民人均可支配收入	（元）	1741	5501	9230
全市居民人均消费支出	（元）	1469	4366	7644
财　政				
一般公共预算收入	（亿元）			345.0
一般公共预算支出	（亿元）			443.0
能源、资源和环境				
能源消费总量	（万吨标准煤）	2709.7	3533.3	4144.0
水资源总量	（亿立方米）	36.9	30.3	16.9
城市绿化覆盖率	（%）	28.0	32.7	36.5
城市公用事业				
全社会用电量	（亿千瓦时）	150.5	222.6	384.4
自来水销售总量	（亿立方米）	5.3	6.8	7.5
居民燃气用户	（万户）	176.1	219.8	291.9
公共交通客运量	（亿人次）	33.5	37.2	40.7
污水处理率	（%）	7.3	19.4	39.4

注：1. 2015年常住人口数据根据第七次人口普查结果进行了修订，下同。

2. 城镇非私营单位在岗职工平均工资2000年及以前数据为职工口径，职工包括在岗职工和不在岗职工；自2001年起调整为在岗职工口径。2007年及以前城镇单位在岗职工工资包括乡及乡以上独立核算法人单位，不包括乡镇企业和个体工商户；自2008年起不包括个体工商户的独立核算法人单位。

3. 2014年以前年末实有登记失业人员为城镇口径，2014-2019年调整为全市口径。自2020年9月起，对城镇登记失业人员相关统计口径进行调整，将离校未就业高校毕业生、领取失业补助金人员和领取一次性生活补助农民工纳入登记失业人员范围，下同。

4. 2015年人均地区生产总值数据根据第七次人口普查结果进行了修订，2022年为初步核算数据，下同。

5. 自2012年起，自来水数据口径调整为城镇公共供水。

1-2 续表 1

2005	2010	2015	2020	2021	2022
1538.0	1961.9	2188.3	2189.0	2188.6	2184.3
1286.1	1686.4	1897.5	1916.4	1916.1	1912.8
1180.7	1257.8	1345.2	1400.8	1413.5	1427.7
	1067.3	1164.4	1163.8	1158.0	1132.1
34191	65683	113073	185026	201504	215143
10.57	7.73	9.16	29.02	37.19	36.39
7149.8	14964.0	24779.1	35943.3	41045.6	41610.9
47182	78307	113692	164158	187526	190313
101.5	102.4	101.8	101.7	101.1	101.8
101.3	102.2	96.9	99.1	101.1	102.3
16853	29228	48458	69434	75002	77415
13289	21834	33803	38903	43640	42683
919.2	2353.9	4723.9	5483.9	5932.3	5714.4
1058.3	2717.3	5737.7	7116.2	7205.1	7469.2
5049.8	6359.5	6802.8	6762.1	7103.6	6896.9
23.2	23.1	26.8	25.8	61.3	23.7
42.0	45.0	48.4	49.0	49.3	49.8
570.5	809.9	952.7	1140.0	1232.9	1280.8
7.2	8.9	10.4	11.2	12.1	12.3
462.6	634.2	885.7	902.2	950.4	973.6
51.8	69.0	73.8	41.2	53.9	39.9
62.4	81.0	87.9	95.0	95.8	97.0

1-2　续表2

项　目		1990	1995	2000
固定资产投资				
固定资产投资	（亿元）	179.2	841.5	1297.4
#基础设施投资		31.6	156.1	351.9
#房地产开发投资		22.5	352.8	522.1
对外经济贸易				
地区货物进出口总值	（亿美元）	236.4	370.4	494.0
地区货物进出口总值	（亿元）		3108.2	4090.1
实际利用外商直接投资额	（亿美元）			16.8
农　业				
农林牧渔业总产值（当年价格）	（亿元）	70.2	164.4	188.6
工　业				
规模以上工业总产值（当年价格）	（亿元）	625.9	1493.3	2842.0
规模以上工业主要财务指标				
资产总计	（亿元）	498.3	2582.6	4612.7
负债总额	（亿元）		1528.8	2676.4
营业收入	（亿元）			
利润总额	（亿元）	48.9	85.3	127.1
建筑业				
建筑业总产值	（亿元）	94.7	426.6	812.5
建筑业企业年末从业人员	（万人）	60.2	82.6	56.6
交通运输邮电业				
运　输				
货物周转量	（亿吨公里）	268.8	323.1	299.6
旅客周转量	（亿人公里）	119.8	207.7	314.0
邮　电				
邮电业务总量	（亿元）	11.9	56.1	214.7
固定电话用户	（万户）	33.3	150.5	451.2
移动电话用户	（万户）	0.3	16.9	347.2
批发和零售业、住宿和餐饮业				
社会消费品零售总额	（亿元）	345.1	971.8	1760.3
旅游业				
入境游客人数	（万人次）	100.0	207.0	282.1
国内游客人数	（万人次）		6320.0	10186.0
国际旅游收入	（亿美元）	6.6	21.8	27.7
国内旅游收入	（亿元）		352.6	683.0

注：1. 自2011年起，固定资产投资统计起点由50万元调整至500万元。
2. 2018年及以前固定资产投资为全社会口径，自2019年起为不含农户口径。
3. 邮电业务总量2000年及以前按1990年不变价格计算，2001-2010年按2000年不变价格计算，2011-2016年按2010年不变价格计算。2017-2020年邮政行业业务总量按2010年不变价格计算，电信业务总量按2015年不变价格计算。自2021年起，邮政行业业务总量按2020年不变价格计算，电信业务总量按上年不变价格计算。

1-2 续表3

2005	2010	2015	2020	2021	2022
2827.2	5493.5	7990.9			
610.7	1403.5	2174.5			
1525.0	2901.1	4226.3			
1255.1	3016.6	3194.2	3350.4	4710.2	5465.0
10331.9	20478.2	19827.7	23215.9	30438.4	36445.5
35.3	53.4	127.2	133.9	144.3	174.1
239.3	328.0	368.2	263.4	269.5	268.2
6946.2	13699.8	17449.6	20879.3	24988.1	23870.0
12829.8	22750.6	38609.8	55167.0	61056.0	66052.5
4706.7	11548.1	18102.4	24193.8	26371.6	29327.9
	14807.1	19256.1	23849.0	28745.1	27713.6
413.5	1028.3	1597.7	1729.5	3684.4	1998.7
1894.0	5196.0	8436.7	12905.9	13987.7	13866.1
67.2	59.9	59.0	52.7	56.8	58.3
457.7	513.7	623.7	842.8	880.4	881.2
838.1	1399.5	1747.7	1015.0	1047.2	573.3
413.0	1174.2	1181.9	3727.9	796.0	840.0
943.5	885.6	784.7	480.6	485.2	474.2
1459.8	2129.8	4051.6	3906.4	3972.0	3926.9
3221.4	7273.0	12271.9	13716.4	14867.7	13794.2
362.9	490.1	420.0	34.1	24.5	24.1
12500.0	17900.0	26859.0	18352.4	25488.3	18206.7
36.2	50.4	46.1	4.8	4.3	4.4
1300.0	2425.1	4320.0	2880.9	4138.5	2490.9

1-2 续表4

项　　目		1990	1995	2000
金融业				
金融机构（含外资）本外币存款余额	（亿元）			11526.0
金融机构（含外资）本外币贷款余额	（亿元）			6407.9
原保险保费收入	（亿元）			93.4
证券市场交易额	（亿元）			14727.2
科　技				
研究与试验发展经费内部支出	（亿元）			155.7
技术合同成交总额	（亿元）	20.3	41.2	140.3
专利授权量	（件）	2268	4025	5905
教　育				
在校生数	（万人）		238.0	229.9
专任教师数	（万人）		17.7	16.7
卫生及社会服务				
卫　生				
医疗卫生机构个数	（个）	4953	4955	6176
医疗机构实有床位数	（万张）	5.9	6.7	7.1
医疗卫生技术人员数	（万人）	11.2	11.6	11.6
#执业（助理）医师		5.1	5.4	5.2
注册护士		3.5	3.7	4.0
婚　姻				
登记结婚对数	（万对）	9.3	8.6	8.0
离婚对数	（万对）	1.5	2.0	2.7
文　化				
公共图书馆总藏数	（万册、万件）	2205	2629	3020
博物馆及其他文物保护机构	（个）		51	53
电影放映场次	（万场次）	20.7	9.2	12.2
社会保障				
参加企业职工基本养老保险人数	（万人）		261.1	391.6
参加职工基本医疗保险人数	（万人）			

注：1. 自2016年起，对专利相关数据的统计范围进行了调整。

2. 2010年及以前，医疗卫生机构数据均不含村卫生室及驻京部队医院情况。自2011年起，包含村卫生室情况。自2012年起，除床位数外均包含驻京部队医院数据，下同。

3. 离婚对数包括在民政部门登记的对数和经法院调离或判离的对数。

4. 博物馆及其他文物保护机构数据为北京市文物局系统内数据。

5. 自2021年9月起，对参加职工基本医疗保险人数统计口径进行调整，去除6个月及以上未缴费人员，按调整后口径计算，2020年参加职工基本医疗保险人数为1450.7万人。

1-2 续表5

2005	2010	2015	2020	2021	2022
28969.9	66584.6	128573.0	188081.6	199741.5	218628.8
15335.5	36479.6	58559.4	84308.8	89032.9	97819.9
498.2	966.5	1403.9	2302.9	2526.9	2758.5
12930.0	129495.2	918064.8	1259914.7	1800772.3	1846185.7
379.5	821.8	1384.0	2326.6	2629.3	2843.3
434.4	1579.5	3452.6	6316.2	7005.7	7947.5
10100	33511	94031	162824	198778	202722
226.4	330.0	373.4	403.9	397.1	402.4
17.5	20.7	22.6	25.7	26.5	27.3
7536	9511	10425	11211	11727	12211
7.9	9.3	11.2	12.7	13.0	13.4
12.0	17.1	25.7	30.4	31.8	32.2
5.1	6.6	9.6	11.9	12.4	12.5
4.3	6.7	11.4	13.5	14.2	14.3
9.7	13.8	16.6	11.4	10.3	9.1
3.4	4.4	8.2	8.2	5.3	4.4
3626	4613	5943	7241	7548	7819
73	79	77	80	80	58
22.6	74.3	198.1	146.0	335.4	262.9
520.0	982.5	1424.2	1679.9	1725.1	1764.7
574.8	1063.7	1475.7	1741.6	1486.0	1499.4

1-3 主要年份国民经济和社会发展结构指标

单位：%

项 目	1990	1995	2000	2005	2010	2015	2020	2021	2022
人口与就业									
常住人口									
按性别分									
男	50.2	50.1	52.1	50.6	51.6	51.5	51.1	51.1	51.0
女	49.8	49.9	47.9	49.4	48.4	48.5	48.9	48.9	49.0
按城乡分									
城 镇	73.5	75.6	77.5	83.6	86.0	86.7	87.5	87.5	87.6
乡 村	26.5	24.4	22.5	16.4	14.0	13.3	12.5	12.5	12.4
就 业									
常住就业人口									
第一产业					5.5	3.7	2.4	2.3	2.2
第二产业					23.6	18.9	16.7	16.7	16.4
第三产业					70.9	77.4	80.9	81.0	81.4
国民经济核算									
地区生产总值									
第一产业	8.7	4.8	2.4	1.2	0.8	0.6	0.3	0.3	0.3
第二产业	52.3	42.1	31.2	26.7	21.6	17.8	16.0	18.0	15.9
第三产业	39.0	53.1	66.4	72.1	77.6	81.6	83.7	81.7	83.9
人民生活									
城镇居民人均消费支出									
#食品烟酒	54.2	48.5	35.8	29.4	26.8	22.1	21.0	20.8	21.1
衣 着	14.7	15.1	8.7	8.1	8.5	7.2	4.6	4.8	4.3
医疗保健	1.4	2.9	7.0	9.8	6.4	6.5	9.0	9.9	9.4
交通通信	1.5	4.7	7.0	13.1	13.7	13.3	9.4	9.3	9.3
教育文化娱乐	11.6	10.2	14.8	14.7	11.5	11.0	7.2	7.8	7.2
农村居民人均消费支出									
#食品烟酒	50.7	49.6	37.5	30.3	26.6	27.7	28.5	28.3	27.4
衣 着	9.5	10.9	7.0	6.4	5.9	6.3	5.0	5.4	4.7
医疗保健	3.8	4.8	7.3	9.4	8.4	8.4	9.4	9.4	8.0
交通通信	1.7	4.1	7.0	11.9	11.7	13.5	14.0	14.4	13.8
教育文化娱乐	6.6	10.6	13.6	12.9	7.5	7.2	5.5	5.6	5.5
财 政									
一般公共预算收入									
#增值税			13.3	10.6	8.9	15.2	30.1	29.4	23.0
个人所得税			16.3	9.2	9.1	10.1	11.2	12.5	13.7
企业所得税			16.8	17.9	21.8	21.7	21.6	23.5	25.4

1-3 续表1

单位：%

项　　目	1990	1995	2000	2005	2010	2015	2020	2021	2022
能源消费总量									
第一产业	3.9	3.4	2.5	1.7	1.5	1.2	0.8	0.7	0.7
第二产业	63.5	65.9	58.5	46.8	37.2	28.0	25.9	23.8	24.2
第三产业	19.0	17.9	26.1	35.1	41.7	48.7	48.0	49.8	48.1
生活消费	13.6	12.8	12.9	16.4	19.5	22.1	25.3	25.7	27.0
固定资产投资									
固定资产投资资金来源									
中央预算资金	25.3	7.7	7.4	2.8	1.2	1.7	1.1	1.1	1.7
国内贷款	16.7	13.4	26.0	23.2	26.6	22.2	22.2	14.8	17.0
利用外资	11.2	20.5	3.6	1.6	0.5	0.1	0.1	0.2	0.1
债券、自筹和其他资金	46.8	58.5	63.0	72.4	71.6	76.0	76.6	84.0	81.3
对外经济贸易									
海关出口商品（以美元计价）									
#一般贸易		70.6	65.9	54.5	45.0	54.8	79.8	81.1	81.3
加工贸易		21.3	29.6	39.6	42.1	28.0	5.4	5.1	4.4
海关进口商品（以美元计价）									
#一般贸易		84.4	87.3	85.2	88.7	85.7	87.8	88.1	88.8
加工贸易		5.2	3.5	8.2	5.9	7.7	3.9	3.4	3.9
农　业									
农林牧渔业产值									
农　业	55.6	52.8	46.7	38.0	47.0	42.0	40.9	45.6	48.4
林　业	1.3	1.6	2.8	5.2	5.1	15.6	37.1	32.9	32.3
牧　业	39.9	41.8	46.4	50.5	42.6	36.9	17.2	17.2	15.8
渔　业	3.3	3.7	4.1	3.6	3.5	3.2	1.6	1.6	1.4
农林牧渔专业及辅助性活动				2.7	1.8	2.4	3.3	2.6	2.1
工　业									
规模以上工业总产值									
#医药制造业	1.8	1.5	2.1	1.9	2.7	4.2	6.3	15.7	7.3
汽车制造业	7.8	11.6	3.9	11.8	15.9	22.3	19.8	13.7	14.2
计算机、通信和其他电子设备制造业	6.0	10.4	32.9	25.6	16.3	12.1	13.8	15.0	14.7
电力、热力生产和供应业	2.6	2.8	2.9	8.6	15.5	23.4	26.8	24.7	30.7
建筑业									
建筑业总产值									
房屋建筑业						51.3	54.2	54.4	55.5
土木工程建筑业						32.7	33.6	32.2	31.7
建筑安装业						7.9	6.3	6.5	6.3
建筑装饰和其他建筑业						8.1	5.9	6.9	6.5
交通运输业									
货运量（按运输方式分）									
铁　路	11.4	9.2	8.5	6.1	6.6	4.3	1.4	1.1	1.4
公　路	87.5	90.4	91.2	92.4	85.1	82.0	82.7	82.0	77.2
民　航	0.04	0.05	0.11	0.24	0.55	0.68	0.56	0.57	0.53
管　道	1.0	0.3	0.2	1.2	7.7	13.0	15.4	16.3	20.8

注：1. 自2017年起，将固定资产投资中原“国家预算内资金”调整为“中央预算资金”。
2. 根据《国民经济行业分类》（GB/T 4754-2017）标准，自2018年起将原“农林牧渔服务业”调整为“农林牧渔专业及辅助性活动”。

1-3　续表2

单位：%

项　　目	1990	1995	2000	2005	2010	2015	2020	2021	2022
客运量（按运输方式分）									
铁　路	50.4	45.1	24.2	9.5	6.3	18.3	17.6	20.2	13.9
公　路	46.7	47.7	70.7	85.3	89.7	71.4	67.7	66.3	75.3
民　航	2.9	7.2	5.1	5.2	4.0	10.3	14.7	13.5	10.7
消　费									
社会消费品零售总额									
吃类商品	39.6	41.8	26.1	24.9	20.9	18.1	20.4	20.0	20.5
穿类商品	13.2	14.3	9.2	8.4	7.6	6.1	5.1	5.6	4.8
用类商品	44.8	42.0	59.7	59.0	64.9	71.4	71.2	70.4	70.5
烧类商品	2.3	1.9	5.0	7.7	6.6	4.5	3.3	4.0	4.2
入境旅游									
接待海外旅游人数									
外国人	63.8	80.4	84.4	85.9	86.0	85.1	77.4	71.2	78.6
港澳台同胞	34.7	17.5	15.6	14.1	14.0	14.9	22.6	28.8	21.4
科　技									
研究与试验发展（R&D）人员折合全时当量									
基础研究				12.9	15.2	16.8	22.3	22.3	22.6
应用研究				29.8	27.1	25.1	28.3	28.7	29.5
试验发展				57.3	57.7	58.1	49.4	49.0	47.8
研究与试验发展（R&D）经费内部支出									
基础研究				10.1	11.6	13.8	16.0	16.1	16.6
应用研究				27.8	26.4	23.0	24.5	25.0	25.7
试验发展				53.1	62.0	63.2	59.4	58.9	57.7
教　育									
在校学生									
#普通本专科		7.7	12.3	23.7	17.5	15.9	14.6	15.0	15.0
中等教育		35.1	42.3	37.9	22.1	15.7	14.0	14.4	15.1
小学教育		42.3	32.3	21.8	19.8	22.8	24.6	26.1	26.9
专任教师									
#高等教育		22.7	22.2	32.7	35.9	30.3	28.5	27.9	28.2
中等教育		38.6	40.5	33.6	29.1	32.0	31.6	31.1	31.3
小学教育		37.9	36.8	25.3	23.9	22.1	22.0	22.3	22.2
卫　生									
卫生技术人员									
#执业（助理）医师	45.6	46.7	44.6	42.4	38.6	37.6	39.0	38.9	38.8
注册护士	31.0	31.7	34.5	35.7	39.3	44.6	44.3	44.6	44.3

1-4　国民经济和社会发展比例和效益指标

项　　目		2022	2021
人口与就业			
出生率	（‰）	5.67	6.35
死亡率	（‰）	5.72	5.39
自然增长率	（‰）	-0.05	0.96
少儿抚养比	（%）	16.60	16.42
老年抚养比	（%）	20.76	19.33
城镇调查失业率	（%）	4.7	4.3
国民经济核算			
人均地区生产总值	（元）	190313	187526
社会劳动生产率	（元/人）	363399	353567
第一产业		42821	40513
第二产业		348553	381862
第三产业		375410	356902
人民生活			
城镇与农村居民收入比例			
（以农村居民人均可支配收入为1）		2.42	2.45
能源消费			
能源消费弹性系数		0.00	0.57
电力消费弹性系数		5.62	0.92
万元地区生产总值能耗（可比价格）	（吨标准煤）	0.175	0.182
万元地区生产总值水耗（当年价格）	（立方米）	9.62	9.95
对外经济贸易			
进出口总值与地区生产总值之比（按人民币计算）	（%）	87.59	74.16

注：1. 人口相关指标为常住人口口径。

2. 城镇调查失业率数据为年度均值。

1-4 续表

项　　目		2022	2021
工业（规模以上企业）			
资产负债率	（%）	44.40	43.19
流动资产周转率	（次）	1.01	1.15
成本费用利润率	（%）	7.64	14.53
建筑业			
产值竣工率	（%）	49.8	44.1
面积竣工率	（%）	15.4	14.5
邮电通信业			
移动电话普及率	（户/百人）	179.8	181.5
固定电话主线普及率	（线/百人）	21.7	22.2
科　技			
研究与试验发展经费内部支出			
相当于地区生产总值比例	（%）	6.83	6.41
教　育			
平均每一专任教师负担学生数			
#普通中学	（人）	8.8	8.6
小学学校	（人）	14.1	13.9
文　化			
每万人拥有公共图书馆	（个）	0.01	0.01
每万人拥有博物馆	（个）	0.10	0.09
卫　生			
每千常住人口医院床位数	（张）	5.78	5.59
每千常住人口执业（助理）医师数	（人）	5.72	5.64

1-5 北京一日

项　　目		2022	2021
每日创造			
地区生产总值	（万元/日）	1140026.0	1124537.8
第一产业		3056.2	3052.3
第二产业		180960.8	202439.2
第三产业		956009.0	919046.3
一般公共预算收入	（万元/日）	156557.8	162529.0
一般公共预算支出	（万元/日）	204634.4	197400.6
发电量	（万千瓦时/日）	12326.6	12575.2
汽车生产量	（辆/日）	2386	3712
移动电话机生产量	（台/日）	258343	318479
显示器生产量	（台/日）	6401	14197
公共汽电车客运量	（万人次/日）	472.8	629.1
城市轨道交通客运量	（万人次/日）	620.1	846.6
铁路客运量	（万人/日）	10.7	23.4
公路客运量	（万人/日）	57.8	76.9
民航客运量	（万人/日）	8.2	15.6
国际旅游收入	（万美元/日）	120.8	118.1
国内旅游收入	（万元/日）	68244.4	113382.6
地区货物出口值	（万元/日）	161370.5	167629.3
地区货物进口值	（万元/日）	837136.5	666298.6
实际利用外商直接投资额	（万美元/日）	4769.2	3954.6
每日生活			
社会消费品零售总额	（万元/日）	377924.5	407335.4
吃类商品		77599.7	81267.9
穿类商品		18000.3	22664.9
用类商品		266401.0	286918.7
烧类商品		15923.5	16483.8
常住出生人口	（人/日）	340	381
常住死亡人口	（人/日）	343	323
登记结婚对数	（对/日）	250	283
离婚对数	（对/日）	121	144
全市居民人均可支配收入	（元/日）	212.1	205.5
全市居民人均消费支出	（元/日）	116.9	119.6
法人单位从业人员平均工资	（元/日）	489.0	456.2
电影放映场次	（场次/日）	7201	9189
特快专递业务量	（万件/日）	536.0	605.6
城乡居民生活用电量	（万千瓦时/日）	8792.4	7846.2
居民家庭用天然气销售量	（万立方米/日）	560.8	481.0
自来水销售总量	（万立方米/日）	337.7	332.4
污水处理量	（万立方米/日）	608.5	592.5
生活垃圾清运量	（万吨/日）	2.0	2.1

注：离婚对数包括在民政部门登记的对数和经法院调离或判离的对数。

2023 北京区域统计年鉴

第二章

BEIJING AREA STATISTICAL YEARBOOK

各区历史数据

简要说明

一、本章资料的主要内容

本章主要包括全市及各区近年人口、地区生产总值、一般公共预算收支、固定资产投资、社会消费品零售总额、农林牧渔业总产值、规模以上工业总产值、建筑业总产值、外商投资、居民收支、在校学生和幼儿数、卫生、社会保险等指标数据。

二、本章资料的数据来源

户籍人口数据来自北京市公安局；财政收支数据来自北京市财政局；外商投资数据来自北京市商务局；在校生和幼儿数据来自北京市教育委员会；卫生数据来自北京市卫生健康委员会；城乡居民收支数据来自国家统计局北京调查总队；养老保险数据来自北京市人力资源和社会保障局；医疗保险数据来自北京市医疗保障局；其他数据来自北京市统计局。

三、有关统计标准变化和调整的说明

自2011年起，根据国家统计局规定，固定资产投资统计起点由50万元调整至500万元。

社会消费品零售总额数据2005年按照法人在地口径核算，自2009年起按产业在地口径核算。

规模以上工业总产值2005年为全部国有及年主营业务收入在500万元及以上非国有工业口径；2007年调整为年主营业务收入500万元及以上的全部工业法人企业；2011年及以后调整为年主营业务收入2000万元及以上的全部工业法人企业。

按照国家统计局要求，自2015年起北京根据城乡一体化改革后新口径发布全市和分城乡的居民收支数据。

2016年按照国家统计局统一部署，开始实施地区研发支出核算方法改革，将研发支出未计入地区生产总值部分进行补充核算。

四、本章中关于历史数据调整的问题

农林牧渔业总产值2005年数据根据北京市第二次全国农业普查进行了修订。

2018年北京市第四次全国经济普查后，根据普查结果对地区生产总值、能源消费、社会消费品零售总额等相关历史数据进行了修订。

2020年北京市第七次全国人口普查后，根据普查结果对2011-2019年人口数据进行了修订。

2-1　常住人口（2013-2022年）

单位：万人

各　区	2013	2014	2015	2016	2017	2018	2019	2020	2021	2022
全　　市	**2125.4**	**2171.1**	**2188.3**	**2195.4**	**2194.4**	**2191.7**	**2190.1**	**2189.0**	**2188.6**	**2184.3**
东城区	91.0	91.2	90.0	86.4	82.8	79.2	75.3	70.9	70.8	70.4
西城区	131.3	131.2	131.0	127.3	123.3	119.7	115.3	110.6	110.4	110.0
朝阳区	387.2	398.0	399.0	389.3	379.1	369.3	357.5	345.1	344.9	344.2
丰台区	230.8	236.3	238.4	232.4	225.8	219.0	211.1	201.9	201.5	201.2
石景山区	65.7	66.8	66.9	65.3	63.3	61.4	59.4	56.8	56.6	56.3
海淀区	359.7	370.0	372.1	364.0	352.4	341.5	329.0	313.2	313.0	312.4
门头沟区	31.1	31.8	32.2	32.8	34.2	35.7	37.3	39.3	39.6	39.6
房山区	100.3	103.6	104.0	108.9	114.5	118.5	124.8	131.3	131.3	131.1
通州区	132.9	136.5	139.4	145.9	154.5	163.3	173.2	184.0	184.3	184.3
顺义区	98.4	101.0	102.9	108.9	114.5	119.6	125.7	132.4	132.6	132.5
昌平区	188.2	191.2	196.5	202.2	207.6	213.6	219.5	226.9	227.0	226.7
大兴区	150.1	154.4	156.3	169.7	176.3	181.2	189.8	199.4	199.5	199.1
怀柔区	38.2	38.1	38.6	39.6	40.8	41.9	42.7	44.1	44.1	43.9
平谷区	41.8	41.9	41.9	42.5	43.3	44.2	44.5	45.7	45.7	45.6
密云区	47.8	48.3	48.6	48.9	49.7	50.6	51.5	52.8	52.7	52.6
延庆区	30.9	30.8	30.5	31.3	32.3	33.0	33.5	34.6	34.6	34.4

注：本表2013-2019年数据根据年度人口抽样调查数据推算，并根据2010年和2020年两次人口普查结果进行了修订；2020年为北京市第七次全国人口普查推算数；2021年和2022年为年度人口抽样调查推算数，下同。

2-2 常住外来人口（2013–2022年）

单位：万人

各 区	2013	2014	2015	2016	2017	2018	2019	2020	2021	2022
全 市	**831.6**	**858.3**	**862.5**	**858.8**	**855.5**	**848.2**	**843.5**	**839.6**	**834.8**	**825.1**
东城区	21.5	21.9	21.3	19.9	18.6	17.6	16.6	15.7	15.5	14.9
西城区	37.0	36.3	34.6	33.3	32.3	26.2	25.3	24.1	23.4	22.0
朝阳区	171.9	174.0	175.5	163.4	155.7	146.4	138.9	127.6	126.1	124.3
丰台区	86.9	87.8	86.1	82.6	78.2	74.1	69.3	64.2	63.6	62.8
石景山区	22.7	22.6	22.5	22.3	21.8	19.8	18.4	16.6	16.3	15.6
海淀区	140.6	147.9	143.1	132.5	120.0	117.3	117.5	108.4	107.1	105.9
门头沟区	6.3	6.3	6.2	7.5	7.9	8.8	10.2	11.5	11.6	11.5
房山区	27.4	30.9	32.1	34.0	37.5	39.6	41.2	44.0	44.1	43.8
通州区	59.0	63.3	64.4	67.7	73.2	83.0	82.9	90.4	89.9	89.9
顺义区	39.5	42.4	43.7	47.7	51.9	54.1	57.4	60.2	60.3	60.1
昌平区	107.3	107.2	112.7	116.3	120.2	126.1	126.1	131.8	132.1	131.9
大兴区	80.4	85.9	87.1	96.3	99.9	95.5	100.1	102.4	102.2	101.6
怀柔区	12.1	12.0	12.9	13.5	14.2	14.2	14.1	15.6	15.6	15.2
平谷区	6.8	7.0	7.2	7.8	8.6	8.1	7.8	7.8	7.8	7.2
密云区	8.0	8.3	8.3	8.6	9.3	10.1	10.5	11.2	11.1	10.8
延庆区	4.2	4.5	4.8	5.4	6.2	7.3	7.2	8.1	8.1	7.6

2-3 户籍人口（2013-2022年）

单位：万人

各 区	2013	2014	2015	2016	2017	2018	2019	2020	2021	2022
全 市	**1316.3**	**1333.4**	**1345.2**	**1362.9**	**1359.2**	**1375.8**	**1397.4**	**1400.8**	**1413.5**	**1427.7**
东城区	97.4	98.0	97.4	97.4	96.7	97.4	98.8	98.0	98.7	99.8
西城区	140.8	142.9	145.2	146.5	145.0	146.5	150.4	149.1	150.7	152.4
朝阳区	201.2	204.2	207.4	210.9	209.8	211.7	214.9	214.8	216.2	218.9
丰台区	111.4	112.8	113.7	115.3	113.9	115.0	116.6	117.1	118.1	119.5
石景山区	37.6	38.0	38.3	38.7	38.2	38.6	39.0	38.9	39.0	39.3
海淀区	235.3	238.5	239.5	240.2	235.4	238.8	241.1	240.9	244.1	245.5
门头沟区	24.9	24.9	24.9	25.1	24.9	25.1	25.4	25.5	25.7	25.9
房山区	78.6	79.4	79.9	81.3	81.9	83.0	84.1	84.5	84.7	85.2
通州区	69.3	70.5	71.8	74.7	76.9	78.7	80.8	82.0	83.5	84.9
顺义区	60.1	60.9	61.5	62.7	63.5	64.5	65.5	66.2	66.6	67.2
昌平区	57.3	58.5	59.5	61.1	61.9	63.5	65.0	66.5	67.4	68.5
大兴区	63.6	65.1	66.3	68.4	69.9	71.6	73.4	74.8	76.3	77.7
怀柔区	27.9	28.1	28.2	28.3	28.4	28.5	28.7	28.7	28.7	28.8
平谷区	39.9	40.1	40.1	40.2	40.4	40.6	40.9	40.9	40.8	40.8
密云区	43.1	43.3	43.3	43.6	43.7	43.8	44.1	44.1	44.1	44.1
延庆区	28.1	28.2	28.2	28.4	28.5	28.7	28.9	28.9	29.0	29.0

资料来源：北京市公安局。

2-4 地区生产总值（2013–2022年）

单位：亿元

各 区	2013	2014	2015	2016	2017	2018	2019	2020	2021	2022
全 市	**21134.6**	**22926.0**	**24779.1**	**27041.2**	**29883.0**	**33106.0**	**35445.1**	**35943.3**	**41045.6**	**41610.9**
东城区	1762.4	1915.5	2099.2	2280.1	2508.3	2727.1	2910.4	2937.0	3236.7	3437.1
西城区	2966.8	3229.1	3553.2	3881.8	4265.7	4692.3	5007.3	5002.7	5444.6	5700.1
朝阳区	4351.2	4704.0	5073.0	5516.2	6079.9	6668.2	7116.4	7037.1	7796.9	7911.2
丰台区	1087.5	1180.7	1283.7	1399.1	1557.9	1710.9	1829.6	1848.5	2023.5	2061.8
石景山区	437.4	481.8	532.3	592.9	667.3	748.8	808.0	862.6	980.4	1000.2
海淀区	4538.7	4968.2	5359.7	5908.0	6594.3	7369.1	7954.6	8492.0	9800.2	10206.9
门头沟区	143.5	154.1	171.0	188.4	208.4	232.4	249.3	249.1	267.1	272.2
房山区	488.2	526.3	568.4	614.3	681.7	767.0	811.0	750.2	815.4	860.9
通州区	589.3	647.3	689.7	761.4	852.2	986.7	1059.3	1110.5	1208.5	1253.4
顺义区	1260.0	1358.4	1471.5	1600.7	1715.9	1876.0	1993.0	1849.3	2036.4	2073.2
昌平区	622.7	693.6	755.1	815.4	906.3	997.9	1082.5	1151.8	1314.9	1340.8
大兴区	517.4	564.9	614.2	678.7	759.5	846.6	907.6	931.0	1523.0	1091.9
怀柔区	234.3	256.4	281.3	304.9	336.0	375.0	399.9	399.1	433.3	451.5
平谷区	177.3	194.4	214.3	233.1	252.5	276.3	293.6	321.9	374.6	408.6
密云区	200.3	215.6	234.9	255.0	287.8	317.5	341.0	333.4	356.4	361.9
延庆区	106.2	115.6	127.4	139.5	158.6	179.3	195.3	195.7	201.0	210.3
北京经济技术开发区	1089.3	1186.5	1295.2	1409.6	1572.8	1793.5	1932.8	2040.3	2766.2	2456.4

注：1. 表内数据按当年价格计算。
2. 地区生产总值分区数据之和不等于全市是由于各区中扣除了划归市一级核算的部分。

2-5 一般公共预算收入（2013-2022年）

单位：亿元

各区	2013	2014	2015	2016	2017	2018	2019	2020	2021	2022
全市	**3661.11**	**4027.16**	**4723.86**	**5081.26**	**5430.79**	**5785.92**	**5817.10**	**5483.89**	**5932.31**	**5714.36**
东城区	147.13	155.95	164.56	166.34	172.17	175.62	189.70	181.41	195.50	184.90
西城区	341.95	372.76	451.41	413.81	422.12	430.85	431.11	413.84	428.07	415.94
朝阳区	376.47	411.83	447.98	477.13	508.17	533.68	535.55	511.64	543.41	503.04
丰台区	76.93	86.14	94.49	104.59	113.11	121.60	127.70	129.88	145.19	137.60
石景山区	30.61	37.97	45.09	52.07	56.44	62.14	63.43	65.68	73.33	73.79
海淀区	291.45	316.16	357.50	386.11	416.92	446.01	446.50	453.87	490.20	490.51
门头沟区	20.72	22.03	26.07	27.79	29.63	31.58	33.65	32.06	31.02	31.97
房山区	45.08	45.60	50.15	53.70	60.25	64.65	70.06	75.02	85.53	92.62
通州区	52.91	60.86	70.80	76.51	79.23	83.07	88.73	78.73	92.41	89.43
顺义区	98.03	110.62	124.76	137.86	148.88	159.30	165.70	170.98	171.18	169.03
昌平区	60.08	66.28	73.05	78.28	84.34	94.99	105.57	110.93	122.79	135.19
大兴区	52.39	61.52	71.25	77.72	84.71	92.35	102.51	104.05	114.03	104.43
怀柔区	26.70	30.34	33.38	35.65	37.98	40.48	43.11	43.43	45.82	43.47
平谷区	23.97	26.55	27.93	27.95	29.63	30.05	24.22	25.62	26.65	27.57
密云区	25.42	27.79	29.50	31.17	33.04	36.30	37.46	39.31	40.98	39.69
延庆区	10.02	11.02	13.50	13.61	16.16	19.17	21.45	22.76	23.45	24.29

注：各区一般公共预算收入为区级口径，故分区数据之和不等于全市。

资料来源：北京市财政局。

2-6 一般公共预算支出（2013-2022年）

单位：亿元

各　区	2013	2014	2015	2016	2017	2018	2019	2020	2021	2022
全　市	**4173.66**	**4524.67**	**5737.70**	**6406.77**	**6824.53**	**7471.43**	**7408.19**	**7116.18**	**7205.12**	**7469.15**
东城区	168.96	195.37	237.16	237.54	243.83	251.57	259.32	268.70	282.74	249.91
西城区	286.65	318.46	474.91	426.09	430.77	429.71	427.80	418.00	414.45	434.97
朝阳区	316.77	380.79	443.65	453.03	513.38	563.22	658.01	503.39	557.31	562.36
丰台区	150.63	152.92	207.93	194.11	227.41	247.75	252.70	279.65	262.80	278.72
石景山区	61.25	68.83	91.33	97.97	98.65	124.57	117.03	113.93	125.50	121.30
海淀区	388.35	393.62	496.71	577.40	619.07	659.32	697.03	612.67	636.97	664.10
门头沟区	76.10	68.89	93.31	87.52	95.21	106.34	110.91	106.89	100.70	95.37
房山区	144.81	154.12	183.57	224.20	217.71	258.73	249.40	253.99	243.61	242.03
通州区	125.46	131.84	198.31	338.44	320.65	405.40	359.80	306.89	330.29	306.25
顺义区	146.69	167.84	225.11	239.09	243.10	315.01	305.87	315.36	309.28	325.48
昌平区	123.25	138.44	185.74	160.29	184.70	192.03	223.29	265.16	244.97	270.73
大兴区	135.25	159.66	291.80	239.45	229.02	259.92	256.33	297.43	286.82	292.14
怀柔区	96.47	97.89	106.98	107.44	135.10	153.37	147.24	149.66	147.27	120.67
平谷区	82.36	83.25	107.25	121.23	131.17	132.31	127.06	119.53	126.97	124.09
密云区	89.62	95.59	110.21	113.51	150.92	180.68	163.68	171.29	154.08	138.12
延庆区	79.04	74.10	83.83	92.47	121.59	140.12	128.31	139.10	125.95	122.19

注：各区一般公共预算支出为区级口径，故分区数据之和不等于全市。

资料来源：北京市财政局。

2-7 固定资产投资（2013-2022年）

单位：亿元

各 区	2013	2014	2015	2016	2017	2018年增长速度（%）	2019年增长速度（%）	2020年增长速度（%）	2021年增长速度（%）	2022年增长速度（%）
全 市	**7032.2**	**7562.3**	**7990.9**	**8461.7**	**8948.1**	**-9.9**	**-2.4**	**2.2**	**4.9**	**3.6**
东城区	195.1	214.7	235.2	264.6	284.7	1.2	-8.8	-15.3	2.7	25.9
西城区	213.0	241.2	246.0	252.7	296.8	-20.4	-20.1	62.0	-4.5	-6.5
朝阳区	1216.7	1235.4	1238.7	1257.9	1356.1	-7.5	-8.6	-18.3	11.8	13.0
丰台区	752.0	812.3	862.3	960.9	983.5	-23.7	-6.1	4.4	7.2	-20.2
石景山区	162.9	184.1	201.3	225.6	271.0	1.1	6.1	20.8	17.0	7.3
海淀区	775.1	841.7	870.5	872.5	1005.7	-5.9	2.1	7.2	10.8	5.2
门头沟区	230.1	267.8	292.1	338.3	380.2	-65.1	1.9	11.7	7.0	6.7
房山区	493.7	505.8	532.3	536.9	547.9	-34.4	15.0	-19.5	5.2	5.7
通州区	590.8	687.7	800.8	939.9	1054.5	-21.8	15.5	8.7	-2.6	0.5
顺义区	429.7	432.3	465.2	485.0	516.2	-10.3	2.2	3.9	2.6	6.8
昌平区	551.9	614.5	581.1	594.5	546.3	-14.9	0.2	5.1	12.6	7.5
大兴区	506.2	556.7	811.3	827.3	818.7	25.4	-14.5	10.7	1.8	3.9
怀柔区	156.0	167.1	130.9	121.1	141.6	5.8	15.6	25.5	17.9	5.2
平谷区	141.2	162.7	146.9	164.7	101.4	31.5	-4.2	4.1	-28.7	5.5
密云区	165.1	177.3	107.6	126.0	130.9	8.9	-7.0	-1.4	7.9	-7.8
延庆区	77.6	69.9	71.2	107.2	154.1	77.1	7.3	-30.8	-52.2	-0.6
北京经济技术开发区	375.2	391.0	397.6	386.7	358.5	-6.4	-6.6	25.4	17.1	10.7

注：1. 本表按项目所在建设地地址划分。
2. 本表2013-2018年为全社会固定资产投资口径，自2019年起增长速度为固定资产投资（不含农户）口径。

2-8 社会消费品零售总额（2013–2022年）

单位：亿元

各　区	2013	2014	2015	2016	2017	2018	2019	2020	2021	2022
全　市	**10382.5**	**11354.0**	**12271.9**	**13134.9**	**13933.7**	**14422.3**	**15063.7**	**13716.4**	**14867.7**	**13794.2**
东城区	905.4	990.2	1075.4	1146.3	1211.8	1257.1	1319.5	1213.5	1303.3	1227.9
西城区	828.1	872.6	922.9	977.5	1023.4	1053.7	1095.5	993.5	1089.4	987.3
朝阳区	2643.0	2817.3	3000.5	3182.5	3337.1	3407.2	3525.3	3221.7	3554.2	3179.8
丰台区	1005.1	1095.1	1184.2	1269.3	1349.3	1401.4	1463.9	1318.9	1418.1	1328.8
石景山区	273.8	309.7	344.1	374.9	400.1	416.3	435.7	399.5	439.9	393.0
海淀区	2127.8	2340.6	2518.5	2674.7	2813.3	2873.1	2972.6	2718.1	2920.8	2716.5
门头沟区	68.0	74.7	82.2	89.2	96.7	103.5	109.5	101.2	113.0	108.8
房山区	225.1	252.8	278.2	303.3	330.6	354.5	375.6	341.3	373.9	349.1
通州区	346.9	393.3	436.1	478.8	521.6	552.2	590.7	529.3	563.6	539.6
顺义区	387.0	441.5	484.5	526.6	568.8	603.6	637.8	562.5	609.0	576.7
昌平区	479.3	527.9	575.7	622.9	677.1	708.5	743.7	670.0	711.6	683.6
大兴区	387.1	447.0	502.3	550.6	598.4	643.6	684.0	618.6	673.1	640.1
怀柔区	126.6	144.4	160.7	177.0	193.9	208.2	220.2	203.1	228.1	230.3
平谷区	97.9	111.2	123.0	134.8	146.2	156.6	166.2	156.2	159.8	154.8
密云区	110.5	119.6	130.0	140.6	151.1	161.4	174.3	160.9	169.4	162.8
延庆区	70.3	75.4	81.7	88.1	94.8	100.2	108.0	99.7	109.1	104.1
北京经济技术开发区	300.6	340.6	371.9	398.0	419.6	421.1	441.1	408.3	431.4	410.7

注：本表社会消费品零售总额按产业在地口径核算。

2-9 农林牧渔业总产值（2013-2022年）

单位：亿元

各　区	2013	2014	2015	2016	2017	2018	2019	2020	2021	2022
全　市	**421.8**	**420.1**	**368.2**	**338.1**	**308.3**	**296.8**	**281.7**	**263.4**	**269.5**	**268.2**
朝阳区	4.2	4.3	3.5	3.2	3.3	5.0	7.5	6.1	6.3	6.6
丰台区	3.6	2.5	1.9	1.7	2.1	2.2	2.0	1.6	1.7	1.8
海淀区	5.8	5.9	5.3	5.2	4.4	4.3	4.3	3.9	4.3	4.6
门头沟区	5.3	3.5	2.4	2.5	2.7	7.6	6.8	4.8	3.7	3.4
房山区	50.6	52.5	40.2	38.2	35.7	33.8	33.3	33.3	32.1	27.0
通州区	55.4	57.8	50.1	42.4	40.8	39.6	30.3	30.8	31.1	31.3
顺义区	68.3	68.5	58.1	53.4	48.3	46.3	43.4	42.9	44.0	43.9
昌平区	27.8	25.8	22.1	20.7	20.3	18.9	23.2	20.3	18.3	15.8
大兴区	61.2	63.2	55.9	48.8	40.8	31.7	27.7	30.5	32.8	34.3
怀柔区	20.3	20.4	17.7	15.2	15.4	14.9	14.5	9.7	10.0	12.0
平谷区	44.7	48.2	46.7	45.0	39.8	39.5	35.8	32.9	35.0	34.7
密云区	47.3	41.6	41.9	40.9	35.8	32.7	33.2	30.3	33.5	33.5
延庆区	26.1	24.1	20.6	19.3	17.7	20.0	18.9	15.6	15.6	18.5

注：全市农林牧渔业总产值中包括远洋捕捞数据，各区不包括远洋捕捞数据，故分区数据之和不等于全市。

2-10 规模以上工业总产值（2013-2022年）

单位：亿元

各　区	2013	2014	2015	2016	2017	2018	2019	2020	2021	2022
全　市	**17370.9**	**18452.9**	**17449.6**	**18087.3**	**18901.1**	**19669.0**	**20386.1**	**20879.3**	**24988.1**	**23870.0**
东 城 区	123.5	161.6	203.0	195.9	200.2	216.2	227.0	97.2	94.0	93.6
西 城 区	883.2	965.8	1067.2	1096.0	1145.7	583.1	575.9	544.5	592.5	625.4
朝 阳 区	1093.2	1006.8	723.4	816.3	715.4	751.9	787.8	764.3	770.5	796.3
丰 台 区	418.6	434.2	452.5	446.5	437.6	453.2	468.4	519.9	545.0	511.1
石景山区	276.5	241.4	226.9	213.5	222.4	210.8	234.6	265.4	306.5	251.8
海 淀 区	1708.3	2211.2	2216.5	2108.6	2387.6	2517.8	2577.0	2634.1	3440.8	3057.7
门头沟区	80.7	98.5	86.5	77.0	84.3	76.8	55.5	54.6	54.8	57.2
房 山 区	970.7	1064.7	833.0	751.2	895.2	1002.0	928.2	738.4	894.0	1017.7
通 州 区	667.7	691.1	618.9	644.0	641.2	620.6	616.6	585.6	634.1	610.5
顺 义 区	2862.5	2983.6	2828.4	3008.6	2192.1	1913.5	1659.2	1488.2	1569.6	1540.7
昌 平 区	1271.0	1133.7	804.9	891.2	1099.1	1070.8	1205.0	1522.6	1316.0	1364.9
大 兴 区	633.1	664.6	694.5	771.8	811.9	825.6	820.0	904.9	2271.6	1032.9
怀 柔 区	553.2	552.7	451.4	491.9	636.0	612.4	576.3	686.0	610.5	448.5
平 谷 区	242.6	253.9	244.8	246.8	189.0	167.3	144.6	142.9	162.8	180.9
密 云 区	293.1	309.0	284.4	331.8	305.8	278.8	292.4	231.0	234.5	229.0
延 庆 区	65.0	69.3	53.9	71.5	79.0	90.6	110.2	144.3	138.2	140.2
北京经济技术开发区	2292.9	2421.0	2555.5	2842.5	3424.9	3713.7	4125.2	4467.9	5712.1	5128.7

注：国家电网公司、国网冀北电力有限公司、国网北京市电力公司的工业总产值由北京市统计局统一核算，故分区数据之和不等于全市。

2-11　建筑业总产值（2013-2022年）

单位：亿元

各　区	2013	2014	2015	2016	2017	2018	2019	2020	2021	2022
全　市	**7459.6**	**8209.8**	**8436.7**	**8841.2**	**9736.7**	**10939.8**	**11999.4**	**12905.9**	**13987.7**	**13866.1**
东城区	503.1	513.3	552.8	628.4	674.8	809.6	896.3	947.6	998.1	823.7
西城区	578.4	661.2	584.1	646.3	736.1	692.8	750.7	799.6	842.8	863.0
朝阳区	1012.0	1066.7	1073.6	1155.1	1329.3	1556.9	1699.8	1892.1	2146.1	1880.7
丰台区	981.4	1184.5	1280.3	1516.3	1627.1	1917.1	2487.8	2301.9	2765.6	2768.1
石景山区	391.0	460.2	454.5	429.4	471.8	519.8	605.1	826.9	906.9	852.2
海淀区	1444.5	1528.0	1649.9	1610.8	1835.4	1970.0	1931.2	2025.2	1436.5	1544.1
门头沟区	80.9	84.4	92.6	93.5	103.4	133.0	150.7	130.5	138.2	166.4
房山区	329.0	364.6	346.3	349.5	356.4	414.5	141.2	138.2	141.2	143.0
通州区	757.1	923.7	1016.6	1064.5	1175.4	1267.4	1414.4	1627.4	2011.6	2168.0
顺义区	244.0	307.5	296.8	306.7	374.7	453.7	488.3	586.8	639.6	591.0
昌平区	293.3	219.8	179.3	184.9	189.7	206.6	240.5	177.1	282.7	265.2
大兴区	301.2	308.1	326.4	343.0	333.3	380.3	507.5	495.3	580.4	551.9
怀柔区	71.6	77.8	77.1	82.1	89.3	88.7	113.9	128.4	151.9	161.5
平谷区	79.8	87.9	74.3	82.9	68.0	76.3	82.3	83.5	99.1	101.4
密云区	100.9	120.5	117.0	94.5	109.2	133.3	170.2	174.0	230.0	185.1
延庆区	57.4	60.8	56.7	46.0	59.2	44.6	45.3	45.6	42.9	24.3
北京经济技术开发区	234.0	240.8	258.4	207.4	203.6	275.1	274.2	525.7	574.3	776.5

注：本表统计范围为施工总承包、专业承包建筑业企业。

2-12　实际利用外商直接投资额（2019–2022年）

单位：万美元

各　区	2019	2020	2021	2022
全　市	**1362385**	**1339335**	**1443424**	**1740768**
东城区	62030	57829	62578	67273
西城区	9731	22386	31151	130443
朝阳区	409288	453713	477916	631112
丰台区	10532	11463	13393	17946
石景山区	41753	39075	23291	33567
海淀区	609562	565202	624338	637095
门头沟区	3462	4220	7613	2919
房山区	764	2145	9702	3002
通州区	60007	56527	40685	8308
顺义区	73205	60754	72691	88049
昌平区	10071	16195	15028	36919
大兴区		4776	11049	15194
怀柔区	7204	7119	7865	16426
平谷区	5013	5002	5080	8340
密云区	1290	1660	3665	3787
延庆区	2799	304	939	1173
北京经济技术开发区	55674	30965	36440	39215

资料来源：北京市商务局。

2-13 居民人均可支配收入（2015-2022年）

单位：元

各　区	2015	2016	2017	2018	2019	2020	2021	2022
全　市	**48458**	**52530**	**57230**	**62361**	**67756**	**69434**	**75002**	**77415**
东城区	61764	66084	70289	75547	81592	83501	89804	92040
西城区	67492	71863	76511	81678	88291	90286	96949	99276
朝阳区	55450	60056	64841	70746	76936	78721	84770	86981
丰台区	47127	51173	55871	60144	65215	66799	72170	74365
石景山区	56304	60980	66112	71244	76990	78656	84666	86994
海淀区	62325	67022	71986	78178	84733	86742	93478	96153
门头沟区	39037	42293	45881	49298	53743	55102	59336	61323
房山区	30656	33322	36289	39391	42823	44078	47594	49294
通州区	31397	34097	37209	40553	44190	45845	49695	51618
顺义区	28257	30808	33568	36575	39948	41803	45548	47590
昌平区	35306	38350	41632	45399	49669	51587	56075	58483
大兴区	33849	36718	39862	43464	47432	49206	53454	55804
怀柔区	28595	30982	33764	36797	40067	41779	45292	47150
平谷区	28367	30768	33414	36012	38949	40274	43602	45320
密云区	27259	29490	32165	34951	38004	39282	42634	44271
延庆区	26975	29157	31555	33887	36482	37385	40148	41206

2-14 居民人均消费支出（2015-2022年）

单位：元

各　区	2015	2016	2017	2018	2019	2020	2021	2022
全　市	**33803**	**35416**	**37425**	**39843**	**43038**	**38903**	**43640**	**42683**
东城区	40865	43923	46154	49026	52715	46190	51918	52078
西城区	43595	45329	46668	49642	53437	51466	57396	54809
朝阳区	39660	40034	41579	44849	48174	44682	48922	45756
丰台区	34240	37831	38127	40927	43468	38472	43334	44516
石景山区	36789	38547	40767	43286	45904	40096	44790	44837
海淀区	44626	46630	49458	52910	56630	51198	57482	56947
门头沟区	28364	31083	31820	33805	36054	31889	35396	33854
房山区	19955	21918	23180	24363	26134	25307	28108	28414
通州区	22508	24505	26550	28696	31004	29697	33413	33143
顺义区	18231	19716	21371	23118	25024	25743	29035	28256
昌平区	25675	27842	30046	32469	35178	34962	39183	37389
大兴区	23402	24976	26365	28564	30933	30123	33663	33621
怀柔区	19569	21383	23088	25035	27070	27247	29889	28823
平谷区	18990	20578	21670	23021	24712	24310	27270	27074
密云区	18792	19538	20306	21772	23321	24264	27288	26575
延庆区	18202	19732	21449	23023	24652	24770	26574	25825

2-15　城镇居民人均可支配收入（2015-2022年）

单位：元

各　区	2015	2016	2017	2018	2019	2020	2021	2022
全　市	**52859**	**57275**	**62406**	**67990**	**73849**	**75602**	**81518**	**84023**
东城区	61764	66084	70289	75547	81592	83501	89804	92040
西城区	67492	71863	76511	81678	88291	90286	96949	99276
朝阳区	55450	60056	64841	70746	76936	78721	84770	86981
丰台区	47127	51173	55871	60144	65215	66799	72170	74365
石景山区	56304	60980	66112	71244	76990	78656	84666	86994
海淀区	62325	67022	71986	78178	84733	86742	93478	96153
门头沟区	42350	45872	49682	53227	57892	59360	63940	65981
房山区	36317	39486	42992	46503	50644	52288	56366	58251
通州区	37608	40845	44607	48682	53088	55113	59674	61841
顺义区	33394	36448	39736	43437	47496	49749	54193	56811
昌平区	38794	42149	45735	49778	54248	56305	61137	63702
大兴区	40598	43932	47572	51800	56450	58425	63257	65913
怀柔区	33247	36013	39272	42853	46706	48663	52665	54668
平谷区	35117	38080	41130	44402	48195	49782	53794	55801
密云区	33878	36631	40031	43512	47231	48860	52875	54780
延庆区	35603	38442	41599	44916	48701	50476	54214	55451

2-16 城镇居民人均消费支出（2015-2022年）

单位：元

各　区	2015	2016	2017	2018	2019	2020	2021	2022
全　市	**36642**	**38256**	**40346**	**42926**	**46358**	**41726**	**46776**	**45617**
东城区	40865	43923	46154	49026	52715	46190	51918	52078
西城区	43595	45329	46668	49642	53437	51466	57396	54809
朝阳区	39660	40034	41579	44849	48174	44682	48922	45756
丰台区	34240	37831	38127	40927	43468	38472	43334	44516
石景山区	36789	38547	40767	43286	45904	40096	44790	44837
海淀区	44626	46630	49458	52910	56630	51198	57482	56947
门头沟区	30012	32977	33910	36063	38100	33785	37504	35667
房山区	22742	25105	26368	28337	30589	29447	32723	33019
通州区	26944	29238	31701	34361	37187	34532	38857	38068
顺义区	22174	23810	25928	28301	30627	31813	35842	33977
昌平区	27340	29892	32030	34558	37335	36732	41431	39532
大兴区	26798	28166	29710	32033	34663	34271	38306	38361
怀柔区	21720	23633	25415	27642	29886	31708	34577	32966
平谷区	22519	24539	25225	27182	29424	28187	31609	30500
密云区	22741	23020	23849	25575	27620	29046	32665	31528
延庆区	22882	24809	27109	29238	31422	30767	33016	32202

2-17　普通中学在校生数（2013–2022年）

单位：万人

各　区	2013	2014	2015	2016	2017	2018	2019	2020	2021	2022
全　市	**49.82**	**48.43**	**45.28**	**43.14**	**43.04**	**43.44**	**46.16**	**49.06**	**52.57**	**55.47**
东城区	4.22	4.07	3.81	3.62	3.60	3.56	3.73	3.92	4.24	4.48
西城区	5.22	5.02	4.65	4.41	4.50	4.62	4.99	5.45	6.03	6.66
朝阳区	5.63	5.43	5.15	4.90	4.83	4.88	5.40	6.02	6.58	7.04
丰台区	2.99	3.06	2.80	2.49	2.23	2.21	2.42	2.72	2.98	3.14
石景山区	1.52	1.47	1.30	1.20	1.13	1.08	1.13	1.20	1.29	1.35
海淀区	10.37	10.32	9.78	9.54	9.90	10.03	10.62	11.01	11.76	12.31
门头沟区	0.73	0.72	0.69	0.68	0.67	0.68	0.70	0.74	0.77	0.79
房山区	2.81	2.74	2.58	2.46	2.45	2.50	2.65	2.75	2.84	2.91
通州区	2.83	2.72	2.55	2.50	2.49	2.55	2.72	2.94	3.19	3.42
顺义区	2.85	2.79	2.68	2.61	2.59	2.58	2.64	2.69	2.74	2.75
昌平区	2.58	2.45	2.25	2.13	2.10	2.13	2.24	2.31	2.41	2.54
大兴区	2.85	2.72	2.52	2.31	2.27	2.30	2.42	2.62	2.83	3.11
怀柔区	1.17	1.11	1.03	0.98	0.95	0.95	0.97	1.04	1.11	1.14
平谷区	1.27	1.20	1.09	1.04	1.05	1.07	1.12	1.16	1.20	1.23
密云区	1.62	1.53	1.41	1.37	1.41	1.45	1.55	1.59	1.64	1.63
延庆区	1.15	1.09	0.97	0.90	0.86	0.85	0.86	0.90	0.95	0.97

注：1. 自2007年起，普通中学、小学、专门学校、特殊教育、学前教育在校生数包括非本市户籍学生，下同。

2. 普通中学统计范围为普通高中和普通初中。

资料来源：北京市教育委员会。

2-18 小学在校生数（2013-2022年）

单位：万人

各　区	2013	2014	2015	2016	2017	2018	2019	2020	2021	2022
全　市	**78.93**	**82.12**	**85.03**	**86.84**	**87.58**	**91.32**	**94.16**	**99.50**	**103.66**	**108.38**
东城区	4.91	5.08	5.30	5.46	5.56	5.93	6.16	6.55	6.94	7.27
西城区	6.07	6.45	6.93	7.38	7.75	8.50	9.06	9.92	10.82	11.55
朝阳区	11.88	12.80	13.29	13.57	13.70	14.25	14.70	15.58	16.29	16.79
丰台区	6.88	7.04	6.91	6.75	6.55	6.51	6.47	6.66	6.70	6.88
石景山区	2.29	2.35	2.38	2.35	2.28	2.31	2.35	2.41	2.49	2.58
海淀区	14.14	14.77	15.56	16.13	16.34	17.02	17.31	17.96	18.66	19.38
门头沟区	1.11	1.13	1.17	1.19	1.20	1.26	1.32	1.38	1.42	1.49
房山区	4.48	4.66	4.82	4.89	4.97	5.22	5.43	5.77	5.93	6.17
通州区	5.94	6.07	6.21	6.36	6.45	6.73	6.97	7.49	7.77	8.18
顺义区	3.81	4.10	4.28	4.45	4.64	4.89	5.04	5.37	5.55	5.84
昌平区	5.36	5.40	5.39	5.28	5.23	5.40	5.66	6.08	6.35	6.73
大兴区	5.60	5.62	5.93	6.09	6.01	6.26	6.57	6.97	7.31	7.78
怀柔区	1.61	1.65	1.70	1.70	1.69	1.72	1.73	1.76	1.76	1.81
平谷区	1.60	1.67	1.73	1.78	1.79	1.84	1.90	2.01	2.06	2.17
密云区	2.04	2.13	2.21	2.23	2.21	2.23	2.22	2.28	2.30	2.38
延庆区	1.18	1.19	1.23	1.23	1.23	1.25	1.27	1.32	1.32	1.38

资料来源：北京市教育委员会。

2–19　幼儿园在园幼儿数（2013–2022年）

单位：人

各　区	2013	2014	2015	2016	2017	2018	2019	2020	2021	2022
全　市	**348681**	**364954**	**394121**	**416982**	**445535**	**450645**	**467595**	**525878**	**566735**	**574235**
东城区	12722	13193	14464	15628	16720	17012	17981	19582	19790	19455
西城区	16385	16698	17127	17483	19398	20721	21962	23498	25061	25168
朝阳区	58653	62329	66518	72166	78764	82723	84489	88926	96383	96096
丰台区	40694	40401	41724	43421	44323	42431	41797	45012	45752	45939
石景山区	13319	13409	14853	15238	15514	14430	14544	15361	17158	16523
海淀区	56424	58028	60442	62569	65545	66379	67482	72439	78210	80528
门头沟区	5442	5241	5943	6302	7101	7509	8318	9624	10755	10962
房山区	28752	28878	30280	27281	31537	31758	32673	33921	35580	35221
通州区	20894	25455	28817	30371	26721	26938	29797	51553	57823	58926
顺义区	16962	19184	22749	25246	28880	29234	29963	32365	34870	34875
昌平区	20579	23294	25854	29707	32005	32959	37551	44238	46533	47016
大兴区	23502	24965	28370	32082	35029	35620	36995	41995	46399	50420
怀柔区	9547	8642	9523	10125	10956	10431	10641	10988	11931	11712
平谷区	8113	8393	9098	10235	12028	12140	12586	14608	16043	16323
密云区	10253	10343	11316	11762	13151	13010	13206	13910	15436	15532
延庆区	6440	6501	7043	7366	7863	7350	7610	7858	9011	9539

资料来源：北京市教育委员会。

2-20 医疗卫生机构数（2013-2022年）

单位：个

各　区	2013	2014	2015	2016	2017	2018	2019	2020	2021	2022
全　市	**10141**	**10265**	**10425**	**10637**	**10986**	**11100**	**11340**	**11211**	**11727**	**12211**
东城区	548	564	570	576	579	554	554	548	544	544
西城区	611	632	646	660	664	695	702	699	700	705
朝阳区	1275	1337	1362	1438	1513	1641	1751	1729	1809	1910
丰台区	541	549	554	550	539	527	535	548	556	563
石景山区	205	214	212	223	221	233	233	223	221	226
海淀区	1051	1036	1053	1080	1126	1182	1257	1253	1361	1394
门头沟区	265	260	259	252	247	257	265	266	272	272
房山区	1023	989	984	971	991	1007	1038	1047	1044	1055
通州区	601	615	611	609	609	616	616	599	609	626
顺义区	608	651	707	745	763	771	778	779	847	922
昌平区	856	865	907	958	1046	1068	1112	1089	1141	1208
大兴区	728	762	778	803	843	871	823	779	914	932
怀柔区	487	484	481	484	482	488	483	479	480	485
平谷区	434	430	437	427	427	271	274	268	261	390
密云区	641	610	589	585	597	589	574	566	595	607
延庆区	252	252	256	257	320	318	333	326	360	359

注：自2011年起，卫生机构中包含村卫生室。自2012年起，北京市卫生机构数中包含驻京部队医院，分区数据中不包含驻京部队医院，故分区数据之和不等于全市。

资料来源：北京市卫生健康委员会。

2-21 医疗机构实有床位数（2013–2022年）

单位：张

各区	2013	2014	2015	2016	2017	2018	2019	2020	2021	2022
全市	**104034**	**109789**	**111555**	**116963**	**120530**	**123508**	**127111**	**127143**	**130259**	**133932**
东城区	10948	10930	11046	11175	11296	9947	9938	10049	10008	10027
西城区	14562	15354	15604	15608	15867	16368	17411	17259	17623	18633
朝阳区	18252	19053	20133	22222	23176	23669	24487	23644	25350	26401
丰台区	8926	9347	9534	10045	10554	12317	12622	12738	13168	13677
石景山区	4007	4140	4636	4595	4755	4770	4868	4873	4820	5054
海淀区	10557	11374	11238	12351	12999	13261	13546	13521	13761	14345
门头沟区	2842	2859	2858	2863	2953	2990	2981	2989	3082	2990
房山区	5864	6173	6362	6641	6633	6329	6489	6469	6456	6112
通州区	3203	3216	3494	3651	3737	3802	4113	4155	4425	4483
顺义区	3270	3283	3372	3516	3669	3870	3909	4420	4317	4461
昌平区	9430	11110	10147	10882	11475	11817	12237	12295	12247	12259
大兴区	6074	6675	6780	7012	6999	7603	7501	7592	7854	8256
怀柔区	1576	1596	1683	1681	1711	1931	1982	2037	2017	2092
平谷区	2056	2001	2020	2007	1979	1984	2123	2149	2077	2090
密云区	1485	1696	1666	1700	1695	1748	1802	1834	1874	1872
延庆区	982	982	982	1014	1032	1102	1102	1119	1180	1180

注：本表数据不含驻京部队医院。

资料来源：北京市卫生健康委员会。

2-22 执业（助理）医师数（2013-2022年）

单位：人

各 区	2013	2014	2015	2016	2017	2018	2019	2020	2021	2022
全 市	**85819**	**89590**	**96445**	**100878**	**105732**	**109376**	**115771**	**118541**	**123503**	**124916**
东城区	9175	9460	9790	10123	10518	9817	10245	10446	10789	11086
西城区	11129	11300	11992	12303	12795	13121	13966	14205	14476	14707
朝阳区	15840	16572	17888	18610	19774	21167	22190	22650	24359	24418
丰台区	6029	6267	6509	6975	7572	9158	9536	9621	9976	10177
石景山区	2559	2687	2848	3009	3008	3113	3209	3206	3288	3381
海淀区	10140	10594	10761	11440	12687	13182	14314	14749	15519	15621
门头沟区	1136	1120	1170	1221	1225	1263	1357	1389	1455	1442
房山区	3216	3316	3516	3644	3804	3945	4158	4269	4489	4566
通州区	2803	3034	3362	3593	3787	3789	3933	4062	4203	4326
顺义区	2649	2873	3127	3291	3386	3862	3916	4012	4207	4334
昌平区	3863	4302	4810	5260	5659	6220	6687	7255	7437	7753
大兴区	3427	3678	4021	4268	4374	4824	5076	5155	5493	5746
怀柔区	1321	1406	1387	1437	1453	1642	1691	1659	1790	1884
平谷区	1437	1461	1530	1549	1546	1602	1723	1761	1839	1880
密云区	1545	1573	1580	1666	1724	1908	2053	2104	2058	2129
延庆区	867	892	941	1035	1062	1113	1194	1234	1287	1318

注：本表数据为医疗卫生机构范围。全市数据包含驻京部队医院情况，分区数据不包含驻京部队医院，故分区数据之和不等于全市。

资料来源：北京市卫生健康委员会。

2-23　注册护士数（2013-2022年）

单位：人

各　区	2013	2014	2015	2016	2017	2018	2019	2020	2021	2022
全　市	**100652**	**106167**	**114294**	**117760**	**123158**	**123589**	**131314**	**134656**	**141685**	**142711**
东城区	9380	9972	10303	10575	10836	10440	10731	11058	11349	11503
西城区	13392	13796	15338	15296	15992	16292	17487	17740	18357	18878
朝阳区	17647	18189	19085	20418	21544	22234	24486	24638	26858	27074
丰台区	6807	7348	7664	7989	8237	9185	9586	10721	11202	11112
石景山区	3002	3077	3349	3315	3404	3577	3708	3837	3915	3912
海淀区	11930	12342	12660	12859	14670	15251	16274	16908	17810	18264
门头沟区	1376	1388	1440	1476	1499	1502	1647	1608	1708	1786
房山区	3222	3578	3768	3855	4069	4264	4378	4529	4741	4794
通州区	2804	3092	3380	3609	3771	3642	3894	4241	4359	4401
顺义区	2227	2396	2693	2886	2986	3350	3419	3427	3689	3813
昌平区	4036	5302	5938	6419	6840	7405	7898	8418	8626	8608
大兴区	3660	4069	4313	4629	4735	5159	5427	5524	5924	6101
怀柔区	1075	1106	1130	1129	1159	1259	1329	1360	1611	1651
平谷区	1380	1403	1479	1498	1499	1535	1605	1638	1654	1663
密云区	1123	1104	1204	1188	1172	1143	1263	1284	1273	1371
延庆区	819	731	882	905	947	995	1054	1074	1103	1139

注：本表数据为医疗卫生机构范围。全市数据包含驻京部队医院情况，分区数据不包含驻京部队医院，故分区数据之和不等于全市。

资料来源：北京市卫生健康委员会。

2-24 参加企业职工基本养老保险人数（2013-2022年）

单位：万人

各 区	2013	2014	2015	2016	2017	2018	2019	2020	2021	2022
全 市	**1311.3**	**1392.6**	**1424.2**	**1459.1**	**1514.3**	**1591.5**	**1651.6**	**1679.9**	**1725.1**	**1764.7**
东城区	129.9	135.0	137.6	142.7	143.9	148.2	151.7	154.1	156.1	158.6
西城区	183.8	189.4	191.6	192.8	193.8	195.5	198.2	195.2	195.5	195.8
朝阳区	274.8	294.8	301.4	312.5	326.9	348.9	363.9	372.8	384.5	390.9
丰台区	79.8	85.3	87.4	89.4	93.3	98.3	101.9	106.7	111.2	116.0
石景山区	38.8	40.7	41.6	42.4	44.2	46.1	47.7	47.6	48.5	49.5
海淀区	224.8	241.8	248.8	257.7	270.3	285.8	297.6	305.9	317.2	328.0
门头沟区	19.6	20.7	21.1	21.4	22.1	23.2	24.3	25.2	25.6	26.8
房山区	32.3	34.3	35.2	35.0	36.5	38.8	40.6	42.2	45.2	47.0
通州区	40.2	44.4	45.8	47.4	50.8	55.4	59.2	61.7	65.5	68.3
顺义区	51.7	55.9	57.5	58.3	61.3	65.3	68.2	70.1	72.9	75.7
昌平区	39.4	42.7	44.0	42.8	46.0	50.1	53.1	55.6	58.4	61.2
大兴区	45.2	48.6	49.5	49.4	51.8	54.9	58.7	59.0	60.5	62.2
怀柔区	18.1	19.7	20.2	20.0	20.9	22.2	23.4	24.1	25.2	26.4
平谷区	16.8	18.4	19.0	19.3	20.3	21.5	22.4	23.0	24.2	25.3
密云区	16.7	18.1	18.6	18.9	20.1	21.4	22.6	23.3	24.4	25.3
延庆区	8.2	8.7	8.9	9.0	9.4	9.8	10.2	10.5	11.1	11.6
北京经济技术开发区	32.9	36.6	38.2	39.2	42.1	46.0	48.7	49.6	53.4	57.6
其 他	58.3	57.6	58.0	60.9	60.6	59.9	59.2	53.5	45.7	38.6

注：表中“其他”指社会保险代办机构。

资料来源：北京市人力资源和社会保障局。

2–25 参加职工基本医疗保险人数（2013–2022年）

单位：万人

各　区	2013	2014	2015	2016	2017	2018	2019	2020	2021	2022
全　市	**1354.8**	**1431.3**	**1475.7**	**1517.6**	**1569.2**	**1628.9**	**1682.5**	**1741.6**	**1486.0**	**1499.4**
东 城 区	153.3	157.2	159.8	160.5	161.8	163.0	164.0	164.7	128.0	127.1
西 城 区	210.9	213.9	213.4	213.0	214.2	213.8	214.8	211.7	168.8	168.6
朝 阳 区	275.7	307.3	317.2	327.6	346.4	370.9	382.2	386.7	315.5	308.8
丰 台 区	88.0	92.4	97.1	99.6	102.8	106.6	110.5	116.2	107.4	110.5
石景山区	40.3	42.2	44.4	46.2	48.1	49.5	50.5	51.2	45.6	45.6
海 淀 区	243.4	262.4	279.5	288.8	299.5	313.4	323.0	336.8	278.3	277.3
门头沟区	20.4	21.0	21.2	22.6	23.3	23.9	25.1	27.7	24.0	24.5
房 山 区	34.2	36.4	37.4	38.2	39.4	42.2	45.2	49.3	47.8	49.3
通 州 区	48.6	45.4	47.9	50.3	52.8	55.1	62.2	69.0	66.0	67.0
顺 义 区	52.3	55.0	56.1	57.6	59.5	61.0	63.1	68.1	61.5	63.3
昌 平 区	41.5	44.4	47.3	49.4	51.7	56.7	59.0	63.5	57.6	60.5
大 兴 区	46.7	48.5	49.3	52.8	54.3	55.2	58.4	61.7	52.0	54.3
怀 柔 区	18.9	20.5	20.7	21.4	22.1	22.0	24.2	26.0	24.5	25.7
平 谷 区	18.1	19.6	20.3	20.9	21.6	22.7	22.7	24.8	23.6	24.4
密 云 区	18.7	19.5	20.4	21.7	22.3	22.8	24.5	26.2	24.7	25.6
延 庆 区	12.7	10.4	10.9	11.8	12.1	12.3	12.6	13.3	13.1	13.9
北京经济技术开发区	31.0	34.9	32.9	35.2	37.1	37.6	40.6	44.8	47.5	53.1
其　他					0.1	0.1				

注：1. 表中“其他”指社会保险代办机构。

2. 自2021年9月起，对参加职工基本医疗保险人数统计口径进行调整，去除6个月及以上未缴费人员，按调整后口径计算，2020年全市参加职工基本医疗保险人数为1450.7万人。

资料来源：北京市医疗保障局。

2-26 四次经济普查法人单位基本情况

各 区	法人单位数（个）				资产总计（亿元）			
	2004	2008	2013	2018	2004	2008	2013	2018
全 市	**220947**	**267890**	**630545**	**988619**	**216316.9**	**646673.0**	**1220785.2**	**2119561.6**
东城区	18524	18027	38710	44119	20050.4	62829.6	131958.4	321810.1
西城区	25040	24472	43087	45638	127595.6	438689.8	739974.3	1216229.0
朝阳区	45416	57759	141018	215001	26934.9	44294.2	119208.9	195629.6
丰台区	18182	22310	62130	88766	4742.3	9533.6	21462.0	43711.8
石景山区	5327	6235	18672	29856	1149.6	3013.4	8830.9	21622.0
海淀区	55164	65767	128917	159040	26735.2	69990.4	140979.8	150902.1
门头沟区	3043	3657	8795	20663	230.0	391.6	1951.7	4703.5
房山区	6862	7305	22823	51332	982.0	1506.0	4924.7	9581.9
通州区	7390	12604	33809	55685	1108.1	2012.7	7662.1	13992.9
顺义区	5643	7923	20450	37492	2094.6	5248.4	14024.5	27087.2
昌平区	8246	11546	34342	56695	1363.5	2658.1	9658.9	18866.0
大兴区	9721	15544	30829	49079	963.0	1887.9	6354.0	14722.9
怀柔区	3509	3991	13845	48177	479.6	648.6	2055.4	5610.4
平谷区	2667	3535	9736	30103	265.6	665.1	1993.3	4260.0
密云区	2950	3548	13576	32308	492.7	696.8	1994.8	6024.6
延庆区	2182	2136	4707	9131	175.6	268.4	951.6	6857.3
北京经济技术开发区	1077	1531	5099	15534	948.5	2338.3	6800.0	19160.1
外 埠	4				5.6			

注：2004年、2008年，东城区数据包括原行政区划的东城区和崇文区，西城区数据包括原行政区划中的西城区和宣武区；2018年，除法人单位数外，其他指标全市数据包括铁路部门数据，各区数据不含，故分区数据之和不等于全市。

2-26 续表1

各　区	年末从业人员（万人）			
	2004	2008	2013	2018
全　市	**705.2**	**816.9**	**1111.3**	**1361.0**
东城区	63.7	65.5	85.7	94.4
西城区	98.2	98.0	117.0	119.7
朝阳区	129.6	155.2	228.5	294.7
丰台区	62.3	79.3	93.4	111.4
石景山区	20.0	19.5	31.2	38.2
海淀区	137.2	184.8	242.6	281.8
门头沟区	8.5	8.6	10.4	16.2
房山区	24.3	19.3	27.6	36.2
通州区	26.0	29.4	40.3	47.7
顺义区	29.6	40.5	59.9	70.6
昌平区	29.4	29.5	46.5	59.5
大兴区	26.6	30.1	43.5	51.8
怀柔区	11.3	11.3	16.1	28.0
平谷区	10.9	10.2	13.7	22.9
密云区	12.8	12.2	16.9	26.4
延庆区	6.2	5.9	9.1	10.8
北京经济技术开发区	7.8	17.4	29.1	42.5
外　埠	1.0			

2-26 续表2

各 区	收入总计（亿元）				企业营业收入（亿元）			
	2004	2008	2013	2018	2004	2008	2013	2018
全 市	**30942.0**	**66702.8**	**140828.4**	**199152.1**	**28776.3**	**61085.3**	**136698.9**	**183103.4**
东 城 区	2929.9	5266.6	16964.8	20546.5	2636.9	4475.4	16592.5	19127.0
西 城 区	7307.5	12345.2	21960.6	31103.8	6889.2	11351.0	21344.2	27899.5
朝 阳 区	6376.0	13214.0	33007.0	41599.1	6067.0	12393.0	32397.2	39613.8
丰 台 区	1672.8	3692.2	7136.6	10765.4	1549.3	3319.6	6717.4	9541.0
石景山区	768.5	1588.2	3149.6	5334.0	725.2	1397.6	3088.1	4930.9
海 淀 区	6509.6	17350.1	30065.7	39884.0	5839.5	15804.6	28673.8	35406.0
门头沟区	112.8	235.9	573.9	1472.8	94.9	194.6	509.6	1311.7
房 山 区	931.4	1647.5	3095.3	4242.3	892.2	1532.8	3033.3	3903.4
通 州 区	474.7	1304.1	3061.7	5593.4	437.3	1206.0	2986.2	4921.5
顺 义 区	1105.1	2912.6	6453.7	8733.2	1065.4	2774.5	6388.4	8357.0
昌 平 区	858.9	1511.9	4470.6	6717.5	806.2	1358.8	4336.6	6227.8
大 兴 区	552.5	1134.7	2846.7	4763.1	514.6	1034.9	2735.0	4305.2
怀 柔 区	222.9	554.2	1164.7	2143.8	205.3	506.4	1133.3	1932.2
平 谷 区	161.6	382.1	708.1	1315.3	139.6	332.9	671.1	1145.1
密 云 区	201.4	394.1	889.2	1633.6	180.9	335.5	876.7	1443.3
延 庆 区	77.1	148.0	281.3	666.3	58.6	110.2	245.3	450.3
北京经济技术开发区	674.0	3021.4	4998.9	11810.0	671.4	2957.4	4970.1	11759.7
外 埠	5.4				2.8			

2-26 续表3

各　区	企业利润总额（亿元）			
	2004	2008	2013	2018
全　市	**1989.0**	**5488.1**	**20566.8**	**24842.9**
东城区	133.2	996.0	7777.3	5999.8
西城区	774.5	2071.6	5898.9	9928.7
朝阳区	414.5	1228.9	3438.7	3639.4
丰台区	43.9	181.7	306.3	514.6
石景山区	21.3	25.5	215.8	329.0
海淀区	341.2	553.8	1649.1	2098.5
门头沟区	6.6	17.1	16.8	33.6
房山区	53.1	-29.2	-1.5	59.2
通州区	11.5	29.3	102.3	106.7
顺义区	60.7	16.1	469.9	673.4
昌平区	38.1	59.1	257.2	356.1
大兴区	12.1	21.4	64.4	114.0
怀柔区	6.2	13.8	43.0	40.8
平谷区	5.7	14.6	22.6	-5.5
密云区	6.6	17.7	21.9	-30.4
延庆区	2.1	0.2	18.1	21.0
北京经济技术开发区	57.7	270.3	266.0	606.1
外　埠				

注：2018年企业利润总额数据为企业营业利润口径。

2023
北京区域统计年鉴

第三章

BEIJING AREA
STATISTICAL YEARBOOK

各区主要数据

简要说明

一、本章资料的主要内容

本章各区数据主要包括人口与就业、国民经济核算、财政、税收、投资、房地产、能源、农业、工业、建筑业、消费、利用外资、金融、居民收支、教育、文化、科技、卫生、体育、社会保障、法律、城市安全、环境、城市公用事业等方面情况。

二、本章资料的数据来源

各区数据主要来源于三个方面：

一是来源于北京市统计局，主要包括常住人口、国民经济核算、产业、投资、房地产、消费、能源消费等指标。

二是来源于国家统计局北京调查总队，主要包括城乡居民收入支出、粮食播种面积、主要畜禽产品产量等指标。

三是来源于其他相关部门，主要包括行政区划、户籍人口、财政、税收、利用外资、金融、教育、文化、技术合同、专利、卫生、体育、社会保障、法律、城市安全、环境、城市公用事业等方面指标，具体来源见表下说明。

三、本章有关数据说明

本章行业划分执行《国民经济行业分类（GB/T 4754-2017）》标准。

2021 年地区生产总值数据为最终核实数据，2022 年地区生产总值数据为初步核算数据。

本章常住人口数据为年度人口抽样调查推算数。

3-1 行政区划（2022年）

单位：个

各　区	街道办事处	建制镇	建制乡	社区居委会	村民委员会
全　市	**165**	**143**	**35**	**3431**	**3783**
东城区	17			168	
西城区	15			263	
朝阳区	24		19	544	144
丰台区	24	2		352	56
石景山区	9			151	
海淀区	22	7		590	53
门头沟区	4	9		122	178
房山区	8	14	6	191	459
通州区	11	10	1	155	470
顺义区	6	19		152	426
昌平区	8	14		255	298
大兴区	8	14		254	437
怀柔区	2	12	2	36	284
平谷区	2	14	2	49	272
密云区	2	17	1	96	330
延庆区	3	11	4	53	376

资料来源：中共北京市委社会工作委员会北京市民政局。

3-2 规模（限额）以上法人单位情况（2022年）

单位：个

各 区	法人单位数合计	#企业法人
全 市	**47276**	**43562**
东 城 区	2990	2593
西 城 区	3410	2849
朝 阳 区	13313	12750
丰 台 区	3241	3004
石景山区	1203	1090
海 淀 区	9144	8485
门头沟区	477	404
房 山 区	1355	1177
通 州 区	1545	1392
顺 义 区	2542	2357
昌 平 区	2108	1963
大 兴 区	1197	1085
怀 柔 区	857	783
平 谷 区	701	634
密 云 区	782	699
延 庆 区	324	258
北京经济技术开发区	2087	2039

3-3 常住人口及常住人口密度

单位：万人

各 区	常住人口		#常住外来人口	
	2022	2021	2022	2021
全 市	**2184.3**	**2188.6**	**825.1**	**834.8**
东城区	70.4	70.8	14.9	15.5
西城区	110.0	110.4	22.0	23.4
朝阳区	344.2	344.9	124.3	126.1
丰台区	201.2	201.5	62.8	63.6
石景山区	56.3	56.6	15.6	16.3
海淀区	312.4	313.0	105.9	107.1
门头沟区	39.6	39.6	11.5	11.6
房山区	131.1	131.3	43.8	44.1
通州区	184.3	184.3	89.9	89.9
顺义区	132.5	132.6	60.1	60.3
昌平区	226.7	227.0	131.9	132.1
大兴区	199.1	199.5	101.6	102.2
怀柔区	43.9	44.1	15.2	15.6
平谷区	45.6	45.7	7.2	7.8
密云区	52.6	52.7	10.8	11.1
延庆区	34.4	34.6	7.6	8.1

注：本表数据为年度人口抽样调查推算数。

3-3 续表1

单位：万人

各区	常住人口按城乡分				常住人口按性别分			
	城镇人口		乡村人口		男		女	
	2022	2021	2022	2021	2022	2021	2022	2021
全　市	**1912.8**	**1916.1**	**271.5**	**272.5**	**1114.2**	**1117.7**	**1070.1**	**1070.9**
东城区	70.4	70.8			34.2	34.3	36.2	36.5
西城区	110.0	110.4			53.0	53.4	57.0	57.0
朝阳区	343.3	344.9	0.9		169.0	169.8	175.2	175.1
丰台区	199.9	200.2	1.3	1.3	99.5	99.6	101.7	101.9
石景山区	56.3	56.6			27.7	28.0	28.6	28.6
海淀区	305.4	305.7	7.0	7.3	155.7	155.4	156.7	157.6
门头沟区	36.2	36.2	3.4	3.4	19.9	20.0	19.7	19.6
房山区	102.6	102.6	28.5	28.7	66.4	67.6	64.7	63.7
通州区	137.3	136.9	47.0	47.4	96.7	96.9	87.6	87.4
顺义区	87.8	87.6	44.7	45.0	71.6	71.2	60.9	61.4
昌平区	185.9	185.9	40.8	41.1	122.5	122.2	104.2	104.8
大兴区	161.6	161.5	37.5	38.0	106.8	107.3	92.3	92.2
怀柔区	32.8	33.3	11.1	10.8	23.1	23.5	20.8	20.6
平谷区	27.9	27.9	17.7	17.8	23.3	23.4	22.3	22.3
密云区	34.9	35.0	17.7	17.7	26.9	26.9	25.7	25.8
延庆区	20.5	20.6	13.9	14.0	17.9	18.2	16.5	16.4

3-3 续表2

单位：万人

各 区	常住人口按年龄分						常住人口密度（人/平方公里）	
	0-14岁		15-64岁		65岁及以上			
	2022	2021	2022	2021	2022	2021	2022	2021
全 市	**264.0**	**264.7**	**1590.2**	**1612.3**	**330.1**	**311.6**	**1331**	**1334**
东城区	9.8	9.9	46.5	47.5	14.1	13.4	16818	16914
西城区	15.9	16.1	71.2	72.3	22.9	22.0	21769	21848
朝阳区	39.9	40.5	250.9	252.7	53.4	51.7	7564	7579
丰台区	22.6	22.5	142.8	143.9	35.8	35.1	6579	6589
石景山区	6.5	6.5	40.3	40.5	9.5	9.6	6677	6713
海淀区	37.6	37.9	228.3	229.1	46.5	46.0	7253	7267
门头沟区	4.6	4.6	28.9	29.0	6.1	6.0	273	273
房山区	17.4	17.2	96.0	96.5	17.7	17.6	659	660
通州区	23.2	22.9	139.4	139.5	21.7	21.9	2034	2034
顺义区	15.7	15.8	98.7	102.2	18.1	14.6	1299	1300
昌平区	24.4	24.1	179.5	180.7	22.8	22.2	1687	1690
大兴区	24.5	24.5	144.0	151.9	30.6	23.1	1921	1925
怀柔区	5.3	5.4	31.5	32.6	7.1	6.1	207	208
平谷区	5.9	6.0	30.7	31.6	9.0	8.1	480	481
密云区	6.6	6.7	37.0	37.6	9.0	8.4	236	236
延庆区	4.1	4.1	24.5	24.7	5.8	5.8	173	174

3-4 户籍户数及户籍人口

单位：万人

各区	户籍户数（万户）		户籍人口		男		女	
	2022	2021	2022	2021	2022	2021	2022	2021
全　市	**564.1**	**560.7**	**1427.7**	**1413.5**	**708.1**	**700.9**	**719.6**	**712.7**
东城区	34.8	34.7	99.8	98.7	48.7	48.1	51.1	50.6
西城区	49.8	49.7	152.4	150.7	75.0	74.2	77.4	76.5
朝阳区	86.0	85.5	218.9	216.2	107.9	106.6	111.0	109.6
丰台区	50.1	49.7	119.5	118.1	59.6	58.9	59.9	59.2
石景山区	15.5	15.4	39.3	39.0	19.8	19.7	19.5	19.3
海淀区	76.6	76.2	245.5	244.1	122.3	121.4	123.2	122.7
门头沟区	12.6	12.5	25.9	25.7	13.1	13.0	12.9	12.8
房山区	40.2	40.1	85.2	84.7	42.5	42.3	42.7	42.5
通州区	41.5	41.1	84.9	83.5	41.9	41.2	42.9	42.3
顺义区	28.7	28.5	67.2	66.6	33.2	32.9	34.0	33.7
昌平区	30.5	30.1	68.5	67.4	34.3	33.7	34.2	33.7
大兴区	30.9	30.5	77.7	76.3	38.5	37.8	39.2	38.5
怀柔区	13.9	13.8	28.8	28.7	14.3	14.3	14.5	14.4
平谷区	17.6	17.6	40.8	40.8	20.6	20.5	20.3	20.3
密云区	20.7	20.7	44.1	44.1	21.9	21.9	22.2	22.2
延庆区	14.8	14.7	29.0	29.0	14.6	14.5	14.5	14.5

资料来源：北京市公安局。

3–5 户籍人口机械变动情况

单位：人

各区	市外迁入人数		迁往市外人数		机械增加人数	
	2022	2021	2022	2021	2022	2021
全市	**139923**	**204770**	**54274**	**63366**	**85649**	**141404**
东城区	7294	9132	990	1144	6304	7988
西城区	12295	18541	1604	2052	10691	16489
朝阳区	27017	34101	9460	11151	17557	22950
丰台区	9378	16142	1605	2025	7773	14117
石景山区	3415	4702	617	683	2798	4019
海淀区	42752	70907	33770	39465	8982	31442
门头沟区	1259	3458	31	33	1228	3425
房山区	3956	5219	352	511	3604	4708
通州区	7673	9700	298	404	7375	9296
顺义区	3138	3989	695	894	2443	3095
昌平区	11107	14944	3519	3337	7588	11607
大兴区	7190	9096	1230	1340	5960	7756
怀柔区	1023	1290	28	52	995	1238
平谷区	782	1100	19	96	763	1004
密云区	957	1399	35	116	922	1283
延庆区	687	1050	21	63	666	987

资料来源：北京市公安局。

3-6 户籍人口自然变动情况

单位：人

各 区	出生人数		死亡人数		自然增加人数	
	2022	2021	2022	2021	2022	2021
全 市	**86044**	**103148**	**30272**	**117317**	**55772**	**-14169**
东城区	5061	6174	1266	9421	3795	-3247
西城区	8429	9780	2261	13249	6168	-3469
朝阳区	13555	15736	3220	19919	10335	-4183
丰台区	6899	8105	2054	12060	4845	-3955
石景山区	2255	2570	695	4126	1560	-1556
海淀区	14278	16068	2737	16139	11541	-71
门头沟区	1333	1569	717	2671	616	-1102
房山区	5163	6709	2830	6946	2333	-237
通州区	5808	7033	2722	5947	3086	1086
顺义区	4201	5519	2516	5272	1685	247
昌平区	4732	5711	1587	4985	3145	726
大兴区	6315	7684	1790	5128	4525	2556
怀柔区	1644	2121	1087	2316	557	-195
平谷区	2441	3077	1923	3442	518	-365
密云区	2320	3169	1844	3546	476	-377
延庆区	1610	2123	1023	2150	587	-27

资料来源：北京市公安局。

3-7 城镇非私营单位从业人员年末人数、工资总额、平均工资（2022年）

各　区	从业人员年末人数（人）	从业人员工资总额（亿元）	从业人员平均工资（元）
全　市	**7470567**	**15852.2**	**208977**
东 城 区	614697	1342.2	216518
西 城 区	860795	2144.2	247702
朝 阳 区	1446842	3328.6	223866
丰 台 区	612817	853.8	138629
石景山区	193824	416.3	208146
海 淀 区	1756400	4365.6	244480
门头沟区	41916	69.9	162724
房 山 区	159823	231.2	140759
通 州 区	204344	325.0	156054
顺 义 区	416477	706.4	169822
昌 平 区	264642	487.8	183741
大 兴 区	571942	1088.7	185967
怀 柔 区	87262	134.9	153760
平 谷 区	94986	164.8	169958
密 云 区	97973	137.4	139989
延 庆 区	45827	55.4	119247

注：城镇非私营单位是指不包括个体工商户的独立核算法人单位，下同。

3-8 城镇非私营单位在岗职工年末人数、工资总额、平均工资（2022年）

各 区	在岗职工年末人数（人）	在岗职工工资总额（亿元）	在岗职工平均工资（元）
全 市	**7043491**	**15356.5**	**215143**
东城区	554085	1286.7	230918
西城区	777347	2034.9	261476
朝阳区	1353798	3207.6	231386
丰台区	588588	829.7	140439
石景山区	183364	406.1	214814
海淀区	1689836	4273.0	248951
门头沟区	39410	67.9	168298
房山区	148612	223.9	147103
通州区	196380	317.1	158509
顺义区	398941	688.3	172812
昌平区	254064	475.4	186655
大兴区	547159	1064.1	190249
怀柔区	83677	131.4	156223
平谷区	91112	161.9	174009
密云区	93780	134.5	143235
延庆区	43338	54.0	122982

3-9 年末实有登记失业人员

单位：人

各　区	2022	2021
全　市	**363927**	**371864**
东 城 区	25063	22716
西 城 区	24428	25113
朝 阳 区	83012	84681
丰 台 区	27469	26813
石景山区	10175	7941
海 淀 区	58431	58369
门头沟区	4816	5182
房 山 区	13060	13864
通 州 区	27026	26389
顺 义 区	15563	21878
昌 平 区	17298	18843
大 兴 区	21049	23680
怀 柔 区	7498	6864
平 谷 区	7132	7571
密 云 区	8436	7740
延 庆 区	3786	3860
北京经济技术开发区	9685	10084

资料来源：北京市人力资源和社会保障局。

3-10 地区生产总值

单位：万元

各　区	地区生产总值			地区生产总值按产业分		
				第一产业		
	2022	2021	增长速度（%）	2022	2021	增长速度（%）
全　市	**416109500**	**410456300**	**0.7**	**1115500**	**1114100**	**-1.6**
东 城 区	34370909	32367285	5.6			
西 城 区	57000708	54445522	4.1			
朝 阳 区	79111670	77969046	0.7	29515	27811	5.5
丰 台 区	20617647	20235118	1.0	7890	7427	6.0
石景山区	10001961	9803612	1.8			
海 淀 区	102068623	98002131	3.5	20275	18515	7.8
门头沟区	2721774	2671460	1.0	15931	17311	-4.5
房 山 区	8608809	8153732	3.1	116116	136693	-15.6
通 州 区	12533702	12085123	2.8	133505	132358	-0.4
顺 义 区	20731576	20363840	0.5	165779	164821	-2.6
昌 平 区	13407804	13149218	1.5	64537	72598	-13.5
大 兴 区	10919009	15229617	-28.0	153309	146251	5.1
怀 柔 区	4515496	4332995	3.0	55359	45721	22.0
平 谷 区	4086498	3746496	7.9	135142	138695	-6.9
密 云 区	3619491	3563714	0.5	140993	140288	-0.8
延 庆 区	2102553	2010398	3.7	73623	61724	14.9
北京经济技术开发区	24564060	27662278	-11.4			

注：1. 本表产业划分依据国家统计局2018年修订的《三次产业划分规定》。
2. 本表行业划分执行《国民经济行业分类》（GB/T 4754-2017）标准。
3. 本表数据地区生产总值按当年价格计算，增长速度按不变价格计算。
4. 地区生产总值各区合计数不等于全市是由于各区的数据中扣除了划归市一级核算部分。

3-10 续表1

单位：万元

各区	地区生产总值按产业分					
	第二产业			第三产业		
	2022	2021	增长速度（%）	2022	2021	增长速度（%）
全市	**66050700**	**73890300**	**-11.4**	**348943300**	**335451900**	**3.4**
东城区	784560	910997	-16.4	33586349	31456288	6.2
西城区	2938591	2735110	4.5	54062117	51710412	4.1
朝阳区	5192547	5181649	-1.9	73889608	72759586	0.9
丰台区	3102599	3244374	-6.3	17507158	16983317	2.4
石景山区	1325052	1537960	-13.4	8676909	8265652	4.7
海淀区	8118607	8281185	-2.9	93929741	89702431	4.1
门头沟区	731926	717747	0.3	1973917	1936402	1.2
房山区	3559858	3291927	3.0	4932835	4725112	3.6
通州区	4667197	4442232	3.8	7733000	7510533	2.2
顺义区	5684457	5648347	-1.2	14881340	14550672	1.2
昌平区	4554548	4483995	1.5	8788719	8592625	1.5
大兴区	3803150	8405108	-53.6	6962550	6678258	3.5
怀柔区	1635143	1692991	-5.4	2824994	2594283	8.2
平谷区	921801	835547	8.0	3029555	2772254	8.6
密云区	959444	927814	1.6	2519054	2495612	0.2
延庆区	412791	425550	-4.1	1616139	1523124	5.4
北京经济技术开发区	16016472	19738064	-18.9	8547588	7924214	7.2

3-10 续表2

单位：万元

各区	地区生产总值按行业分					
	农林牧渔业			工业		
	2022	2021	增长速度（%）	2022	2021	增长速度（%）
全市	**1131500**	**1133500**	**-1.8**	**50364400**	**58551100**	**-14.6**
东城区				293218	350124	-20.9
西城区				2001899	1905724	1.5
朝阳区	29524	27827	5.5	3061957	3009168	-1.0
丰台区	7929	7460	6.0	1205463	1241736	-6.0
石景山区				414331	507961	-10.6
海淀区	20603	19102	6.0	6104890	6423816	-5.7
门头沟区	16204	17532	-4.3	402117	406343	-2.9
房山区	116376	137891	-16.2	2958461	2729654	2.4
通州区	133744	132518	-0.3	2166266	2302721	-7.0
顺义区	173125	172842	-3.3	5142426	5195088	-3.0
昌平区	65294	75319	-15.7	4018638	3930760	2.4
大兴区	154623	147228	5.2	2901003	7498739	-59.8
怀柔区	55467	45985	21.5	1099061	1219328	-12.1
平谷区	139255	140194	-5.3	647246	583318	8.3
密云区	143005	142459	-1.0	491139	511554	-6.0
延庆区	76224	63931	14.6	244168	239423	0.9
北京经济技术开发区				15097473	19090552	-20.9

3-10 续表3

单位：万元

各 区	地区生产总值按行业分					
	建筑业			批发和零售业		
	2022	2021	增长速度（%）	2022	2021	增长速度（%）
全 市	**16141500**	**15914500**	**0.1**	**31102500**	**31266900**	**-1.1**
东城区	491711	561326	-13.5	3750707	3404333	9.6
西城区	937621	830249	11.5	3094461	3072833	0.2
朝阳区	2139371	2181407	-3.2	12173663	12371717	-2.1
丰台区	1905930	2012287	-6.5	1663175	1647743	0.3
石景山区	889450	1029999	-14.8	513189	482488	5.6
海淀区	2026656	1870619	7.0	3563950	3805537	-6.9
门头沟区	333928	315524	4.5	188332	191753	-2.4
房山区	635647	594038	5.6	346211	356601	-3.6
通州区	2509561	2147671	15.4	785601	790837	-1.4
顺义区	967684	877558	8.9	780147	777461	-0.3
昌平区	551877	568907	-4.2	454404	497083	-9.2
大兴区	913278	930184	-3.1	562132	559590	-0.2
怀柔区	538077	475746	11.7	124105	119061	3.4
平谷区	275408	252983	7.5	215405	205092	4.4
密云区	469813	417813	11.0	205016	188418	8.1
延庆区	168824	186340	-10.6	133984	141130	-5.9
北京经济技术开发区	931056	661801	38.9	2730839	2655230	2.3

3-10 续表4

单位：万元

各 区	地区生产总值按行业分					
	交通运输、仓储和邮政业			住宿和餐饮业		
	2022	2021	增长速度（%）	2022	2021	增长速度（%）
全 市	**8791900**	**9008500**	**-4.6**	**3726200**	**4297800**	**-13.7**
东 城 区	150578	161657	-8.9	460956	555629	-16.8
西 城 区	563889	534561	3.2	378942	465599	-18.9
朝 阳 区	1132144	1048852	5.6	959484	1181417	-18.5
丰 台 区	689970	627371	7.5	279105	317139	-11.6
石景山区	28309	23933	15.7	66546	71866	-7.0
海 淀 区	857203	881540	-4.9	551751	628509	-11.9
门头沟区	17561	16494	4.1	74698	81060	-8.2
房 山 区	28692	27970	0.3	90801	102557	-11.8
通 州 区	87045	89263	-4.6	111395	114000	-2.6
顺 义 区	4474345	4673722	-6.4	135642	155132	-12.2
昌 平 区	103790	99469	2.0	168854	181933	-6.9
大 兴 区	219934	214948	0.1	63447	71405	-10.8
怀 柔 区	46054	48827	-7.8	57700	57431	0.7
平 谷 区	74326	79599	-8.7	48999	56448	-12.9
密 云 区	54857	60964	-12.0	35628	40071	-10.8
延 庆 区	11269	11060	-0.4	52578	57007	-7.4
北京经济技术开发区	428542	408270	2.6	151279	160556	-5.2

3-10 续表5

单位：万元

各区	地区生产总值按行业分					
	信息传输、软件和信息技术服务业			金融业		
	2022	2021	增长速度（%）	2022	2021	增长速度（%）
全　市	**74562200**	**67704800**	**9.8**	**81967400**	**76830800**	**6.4**
东 城 区	4045474	3723165	8.3	10027832	9565072	4.5
西 城 区	2277815	2184957	3.9	30886708	28723644	7.2
朝 阳 区	10094193	10211921	-1.5	15444896	14650794	5.1
丰 台 区	1136088	1151745	-1.7	3261719	3042139	6.9
石景山区	3032551	2886169	4.7	1954736	1813271	7.5
海 淀 区	45154091	40238918	11.9	10485545	9882105	5.8
门头沟区	75512	84402	-10.8	244208	221365	10.0
房 山 区	197094	163448	20.2	620455	558208	10.8
通 州 区	111853	115211	-3.2	1329533	1196392	10.8
顺 义 区	815767	753718	7.9	3705201	3215762	14.9
昌 平 区	877288	888514	-1.6	1012726	954524	5.8
大 兴 区	145571	184058	-21.2	1097037	1021872	7.1
怀 柔 区	427307	342210	24.5	263622	238212	10.4
平 谷 区	957635	731295	30.5	184073	176115	4.2
密 云 区	62543	79970	-22.0	241859	213592	12.9
延 庆 区	19706	18463	6.4	160790	150413	6.6
北京经济技术开发区	1867061	1620212	14.9	761379	607302	25.0

3-10 续表6

单位：万元

各区	地区生产总值按行业分					
	房地产业			租赁与商务服务业		
	2022	2021	增长速度（%）	2022	2021	增长速度（%）
全　市	**25945200**	**26035800**	**-1.2**	**25814200**	**25910400**	**-1.3**
东城区	2948494	2274127	28.5	2446549	2407215	0.7
西城区	2044926	2399483	-15.5	3284470	3236225	0.6
朝阳区	6346336	5969618	5.4	10961860	11044938	-1.6
丰台区	2037344	2252418	-10.3	1896963	1727813	8.8
石景山区	609184	616307	-2.0	355657	396961	-11.2
海淀区	3139535	3403710	-8.5	3057191	3231136	-6.2
门头沟区	369349	365235	0.3	59932	53544	10.9
房山区	1244291	1156742	6.7	228338	242434	-6.7
通州区	1434749	1532871	-7.2	343234	391008	-13.0
顺义区	1338596	1409813	-5.8	920887	964021	-5.3
昌平区	1496477	1441590	3.0	462834	522414	-12.2
大兴区	1375547	1237159	10.3	477124	483520	-2.2
怀柔区	301023	252820	18.1	194226	208190	-7.6
平谷区	314952	318783	-2.0	121801	124288	-2.9
密云区	676194	719561	-6.8	85756	92297	-7.9
延庆区	175559	162013	7.6	125683	130828	-4.8
北京经济技术开发区	328682	523535	-37.8	762662	653612	15.6

3-10 续表7

单位：万元

各区	地区生产总值按行业分					
	科学研究和技术服务业			水利、环境和公共设施管理业		
	2022	2021	增长速度（%）	2022	2021	增长速度（%）
全　市	**34649900**	**33733200**	**1.8**	**3045300**	**2991700**	**1.5**
东城区	3621131	3411200	5.2	116668	119978	-3.0
西城区	2913712	3014879	-4.2	371281	266363	39.0
朝阳区	6904916	6547942	4.5	540901	546118	-1.2
丰台区	2997391	2847346	4.3	180910	186618	-3.3
石景山区	648575	579796	10.9	52638	56965	-7.9
海淀区	12637898	12394740	1.1	783472	758763	3.0
门头沟区	122312	125429	-3.3	36758	37947	-3.4
房山区	312650	342323	-9.5	88256	82826	6.2
通州区	280189	331004	-16.1	134274	127358	5.1
顺义区	599756	563491	5.5	84225	87508	-4.0
昌平区	1451421	1358391	5.9	155449	144421	7.3
大兴区	525836	516563	0.9	161159	154877	3.7
怀柔区	301881	270365	10.7	98364	100279	-2.2
平谷区	122406	129839	-6.6	32340	33852	-4.7
密云区	85468	82192	3.1	193151	190453	1.1
延庆区	80149	56627	40.3	62600	64982	-3.9
北京经济技术开发区	1022783	831040	22.0	38611	32409	18.8

3-10 续表8

单位：万元

各　区	地区生产总值按行业分					
	居民服务、修理和其他服务业			教　育		
	2022	2021	增长速度（%）	2022	2021	增长速度（%）
全　市	**2006700**	**2010600**	**-2.4**	**19274500**	**19609100**	**-2.9**
东城区	75141	87775	-16.3	1027374	980742	3.5
西城区	159686	163329	-4.4	1469350	1430622	1.5
朝阳区	444894	469297	-7.3	2913973	3019838	-4.7
丰台区	203935	214175	-6.9	743985	724031	1.5
石景山区	128350	90446	38.8	460042	452925	0.3
海淀区	254145	262532	-5.3	7304622	8044477	-10.3
门头沟区	43300	40482	4.6	173128	168944	1.2
房山区	53898	55948	-5.8	580030	561813	2.0
通州区	113955	108801	2.4	693201	670044	2.2
顺义区	111888	100781	8.6	547568	525281	3.0
昌平区	105313	101272	1.7	1220014	1191164	1.2
大兴区	106915	103329	1.2	848318	825540	1.5
怀柔区	65507	64495	-0.7	225031	207277	7.2
平谷区	47019	47770	-3.7	234988	231538	0.3
密云区	43622	43389	-1.7	277566	267818	2.4
延庆区	14514	16010	-11.3	223775	216086	2.3
北京经济技术开发区	32649	40724	-21.6	88010	90961	-4.4

3-10 续表9

单位：万元

各区	地区生产总值按行业分								
	卫生和社会工作			文化、体育和娱乐业			公共管理、社会保障和社会组织		
	2022	2021	增长速度(%)	2022	2021	增长速度(%)	2022	2021	增长速度(%)
全市	**12601400**	**11033400**	**13.7**	**7843200**	**7950100**	**-2.2**	**17141400**	**16474200**	**3.5**
东城区	1584192	1515990	4.0	1041411	1103369	-6.5	2289473	2145583	6.2
西城区	1991140	1775402	11.7	1405463	1395661	-0.2	3219345	3045991	5.2
朝阳区	2528246	2294839	9.7	1256286	1299137	-4.2	2179026	2094216	3.5
丰台区	985116	859478	14.1	353905	348496	0.6	1068719	1027123	3.5
石景山区	319622	287679	10.6	169012	165885	1.0	359769	340961	5.0
海淀区	1712775	1517996	12.3	2490537	2789746	-11.5	1923759	1848885	3.5
门头沟区	149395	142739	4.2	38832	50232	-23.4	376208	352435	6.2
房山区	393063	358128	9.3	42667	39825	6.2	671879	643326	3.9
通州区	468784	413784	12.8	510644	353329	43.2	1319674	1268311	3.5
顺义区	286023	261458	8.9	43615	50980	-15.2	604681	579224	3.9
昌平区	624781	574294	8.3	68882	71577	-4.6	569762	547586	3.5
大兴区	397980	342811	15.6	59443	63537	-7.3	909662	874257	3.5
怀柔区	211023	187086	12.3	97722	102288	-5.3	409326	393395	3.5
平谷区	195140	173484	12.0	32112	33360	-4.6	443393	428538	3.0
密云区	173920	161265	7.4	31811	26243	20.1	348143	325655	6.4
延庆区	131694	116524	12.5	57968	30624	87.6	363068	348937	3.5
北京经济技术开发区	67503	50437	33.3	37214	25817	42.8	218317	209820	3.5

3-11　一般公共预算收入

单位：万元

各　区	2022	2021	#税收收入		#增值税	
			2022	2021	2022	2021
全　市	**57143583**	**59323080**	**48670714**	**51646447**	**13149967**	**17428565**
东城区	1849006	1955001	1641921	1723438	411898	520489
西城区	4159443	4280656	3752734	4077862	826427	1287790
朝阳区	5030388	5434078	4527838	5086152	1041425	1580734
丰台区	1376021	1451863	1169874	1308822	302286	388901
石景山区	737892	733297	656083	667191	193910	245425
海淀区	4905102	4902046	4528042	4434076	1098774	1528836
门头沟区	319657	310158	285770	213580	66440	97829
房山区	926183	855273	485827	469200	179617	217108
通州区	894345	924091	689221	696583	167741	209503
顺义区	1690324	1711784	1167041	1170326	403991	458100
昌平区	1351903	1227919	902799	923908	234113	315544
大兴区	1044324	1140262	640344	784672	142066	237470
怀柔区	434689	458242	261945	324119	101113	134345
平谷区	275721	266549	204964	187220	94752	88732
密云区	396936	409828	267676	282573	86429	107135
延庆区	242937	234500	175961	183313	24194	55513

注：各区一般公共预算收入为区级口径，故分区数据之和不等于全市。

资料来源：北京市财政局。

3-11 续表

单位：万元

各区	#企业所得税		#土地增值税		#房产税	
	2022	2021	2022	2021	2022	2021
全市	**14493194**	**13950726**	**3350932**	**2474346**	**3366319**	**3428565**
东城区	533122	531472	150786	122947	233444	245855
西城区	1701966	1610362	234965	193167	408270	415836
朝阳区	1326870	1400554	428002	238484	899560	947841
丰台区	217195	232021	237289	300876	206134	194024
石景山区	225216	167164	61068	90478	54049	49769
海淀区	1272745	1085666	704052	277524	483222	499686
门头沟区	34511	23211	143457	44830	11441	12544
房山区	53293	43852	127973	82434	38395	38742
通州区	124321	111313	202907	175396	91117	95408
顺义区	213151	215123	216612	179443	155654	152991
昌平区	149908	165357	260723	186982	113117	111968
大兴区	241214	297109	69263	43913	97485	97412
怀柔区	58047	68719	23349	33737	29591	29565
平谷区	49989	42612	8055	12150	11745	10840
密云区	43456	48770	72945	65235	22707	22400
延庆区	111086	85099	6462	6969	14330	15010

3-12　一般公共预算支出

单位：万元

各　区	2022	2021	一般公共预算支出中			
			#一般公共服务		#社会保障和就业	
			2022	2021	2022	2021
全　市	**74691547**	**72051201**	**5892467**	**5326544**	**10678020**	**10541868**
东城区	2499137	2827422	265974	206827	453687	510296
西城区	4349700	4144461	418523	385814	767774	837566
朝阳区	5623646	5573052	221828	224295	1957900	1926041
丰台区	2787236	2627989	376214	262145	696646	702449
石景山区	1213006	1254977	134193	122740	299074	306062
海淀区	6641049	6369661	523205	416347	1205991	1213701
门头沟区	953748	1006983	156196	142795	127524	142713
房山区	2420312	2436091	312930	298814	429003	356876
通州区	3062536	3302897	314881	290641	353951	349506
顺义区	3254774	3092814	360448	344795	396204	381423
昌平区	2707265	2449718	257357	211102	353941	342104
大兴区	2921360	2868171	299441	308123	388725	362240
怀柔区	1206691	1472680	146063	156659	189759	194160
平谷区	1240888	1269655	163076	146731	209449	207103
密云区	1381163	1540841	168011	169428	269980	257894
延庆区	1221854	1259503	143564	127533	83763	104826

注：各区一般公共预算支出为区级口径，故分区数据之和不等于全市。

资料来源：北京市财政局。

3-12 续表1

单位：万元

各 区	一般公共预算支出中					
	#科学技术		#教 育		#卫生健康	
	2022	2021	2022	2021	2022	2021
全 市	**4887039**	**4494463**	**11711207**	**11478293**	**7758216**	**6326655**
东 城 区	7897	12440	547282	711695	311154	231955
西 城 区	39693	44180	817024	741286	450797	374958
朝 阳 区	114668	114655	1092921	1073726	542044	493196
丰 台 区	54730	62935	511878	489841	232495	172513
石景山区	17254	20176	236477	223669	112320	81566
海 淀 区	404687	313446	1456410	1365005	598845	429154
门头沟区	4101	4644	206909	191293	86665	68082
房 山 区	5680	4378	562019	560097	290421	198909
通 州 区	10092	9231	507468	504374	370365	309820
顺 义 区	41540	35433	565410	528618	392091	287018
昌 平 区	27168	58813	563604	549182	371329	196508
大 兴 区	89958	109553	534385	508413	436633	366572
怀 柔 区	13720	70514	248576	246252	144653	178165
平 谷 区	29064	12389	239669	236013	92234	108795
密 云 区	29018	22509	257034	254588	172728	128620
延 庆 区	22690	25161	216155	211262	109409	130511

3-12 续表2

单位：万元

各区	一般公共预算支出中							
	#节能环保		#交通运输		#农林水		#城乡社区	
	2022	2021	2022	2021	2022	2021	2022	2021
全　市	**2228970**	**2492374**	**3952525**	**3626975**	**4627897**	**4978660**	**8085953**	**8600049**
东 城 区	14775	23171	384	170	4769	9479	366609	614656
西 城 区	15820	23680	90	90	8401	20191	1045185	989051
朝 阳 区	152480	152085			419483	416174	414705	427423
丰 台 区	19974	41672	2	788	105162	103709	381063	333812
石景山区	14650	22602	9	344	38319	36548	116066	151388
海 淀 区	26358	77125	1111	250	381731	372544	1242575	1336962
门头沟区	38148	42735	8858	7243	99830	110731	97058	81959
房 山 区	35491	91694	22161	25432	226840	283012	148601	227083
通 州 区	82403	57390	25329	29146	473814	532932	454699	688890
顺 义 区	94248	115792	58269	22598	411444	390667	376952	460437
昌 平 区	41110	61037	20061	11486	271535	332515	370332	318158
大 兴 区	32632	63833	30039	23261	291128	312119	402342	383830
怀 柔 区	38309	50517	8034	12332	145757	157792	98185	166954
平 谷 区	49291	51347	21643	12337	175003	185723	115087	124518
密 云 区	76024	131201	8603	8686	180095	323659	71567	105589
延 庆 区	30703	47314	15176	18784	296303	282695	116572	164175

3–13　各项税收收入

单位：万元

各　区	2022	2021
全　市	**136333888**	**139908860**
东 城 区	9219775	9417141
西 城 区	45425140	45144556
朝 阳 区	19306073	22343027
丰 台 区	4150918	4585470
石景山区	2952041	2619556
海 淀 区	27858769	26932418
门头沟区	770862	777782
房 山 区	1356027	1411042
通 州 区	2511666	2496439
顺 义 区	3948794	4696897
昌 平 区	3457009	3734766
大 兴 区	2584389	3167382
怀 柔 区	1091016	1308586
平 谷 区	937907	803461
密 云 区	884654	996596
延 庆 区	801283	792480
北京经济技术开发区	8030174	7787970

注：本表全市数据中包含燕山情况，各区不包含燕山数据，故分区数据之和不等于全市。
资料来源：国家税务总局北京市税务局。

3-14 固定资产投资（不含农户）增速

单位：%

各　区	固定资产投资（不含农户）		#房地产开发投资		#基础设施投资	
	2022	2021	2022	2021	2022	2021
全　市	**3.6**	**4.9**	**1.0**	**5.1**	**5.2**	**-8.9**
东 城 区	25.9	2.7	-37.4	30.6	104.4	-8.8
西 城 区	-6.5	-4.5	-0.01	-21.8	37.1	-25.6
朝 阳 区	13.0	11.8	20.5	33.8	15.8	6.2
丰 台 区	-20.2	7.2	-18.7	7.9	-25.0	-6.1
石景山区	7.3	17.0	3.0	6.7	11.2	55.5
海 淀 区	5.2	10.8	-1.3	23.6	12.9	10.3
门头沟区	6.7	7.0	11.6	-16.6	0.9	67.4
房 山 区	5.7	5.2	21.5	2.2	-14.3	44.2
通 州 区	0.5	-2.6	-14.5	-16.9	-7.2	-23.3
顺 义 区	6.8	2.6	-8.3	10.1	-6.7	16.8
昌 平 区	7.5	12.6	4.5	4.3	-12.2	10.2
大 兴 区	3.9	1.8	13.4	9.1	-16.4	-46.7
怀 柔 区	5.2	17.9	1.6	5.8	4.0	-6.8
平 谷 区	5.5	-28.7	-30.7	-29.4	17.5	-11.1
密 云 区	-7.8	7.9	-9.8	23.3	-11.2	-15.9
延 庆 区	-0.6	-52.2	13.8	-35.5	27.9	-74.2
北京经济技术开发区	10.7	17.1	31.4	-45.6	-37.3	-69.4

注：本表按项目所在建设地地址划分。

3-15 房地产开发与销售情况

单位：万平方米

各 区	房屋施工面积			房屋竣工面积		
	2022	2021	增长速度（%）	2022	2021	增长速度（%）
全 市	**13333.1**	**14055.3**	**-5.1**	**1938.5**	**1983.9**	**-2.3**
东城区	248.9	245.5	1.4	6.1	0.2	2422.2
西城区	198.8	131.1	51.7		17.5	
朝阳区	1965.6	2257.3	-12.9	67.3	261.3	-74.2
丰台区	1316.8	1403.5	-6.2	140.6	223.1	-37.0
石景山区	532.6	540.5	-1.5	55.3	66.1	-16.4
海淀区	951.7	1086.2	-12.4	154.6	304.8	-49.3
门头沟区	278.1	280.9	-1.0	34.5	34.8	-0.9
房山区	876.5	817.0	7.3	156.1	60.8	156.8
通州区	1531.1	1513.5	1.2	373.5	109.2	242.0
顺义区	1320.6	1300.3	1.6	335.8	250.7	33.9
昌平区	1128.6	1224.5	-7.8	195.8	171.6	14.1
大兴区	1626.0	1664.4	-2.3	209.3	243.7	-14.1
怀柔区	449.7	416.9	7.9	47.7	31.9	49.4
平谷区	216.4	197.9	9.3	47.3	10.4	354.4
密云区	282.0	326.9	-13.7	33.6	27.3	22.9
延庆区	231.8	337.6	-31.4	11.4	97.4	-88.3
北京经济技术开发区	178.1	311.3	-42.8	69.7	72.9	-4.5

3-15 续表

单位：万平方米

各区	商品房销售面积			#住宅销售面积		
	2022	2021	增长速度（%）	2022	2021	增长速度（%）
全市	**1040.0**	**1107.1**	**-6.1**	**741.9**	**877.1**	**-15.4**
东城区	18.6	6.3	193.1	16.9	5.5	205.0
西城区	1.0	1.5	-31.0	0.4	1.5	-70.5
朝阳区	78.6	64.6	21.7	69.3	56.7	22.3
丰台区	91.8	142.3	-35.5	68.7	108.7	-36.8
石景山区	77.0	76.9	0.02	25.4	49.3	-48.6
海淀区	82.7	100.5	-17.7	62.8	85.5	-26.5
门头沟区	32.8	41.5	-20.9	18.8	21.1	-10.9
房山区	115.1	90.5	27.1	91.3	73.8	23.7
通州区	90.5	118.8	-23.8	64.1	99.0	-35.2
顺义区	102.1	118.7	-14.0	76.0	94.6	-19.6
昌平区	113.6	103.7	9.5	80.0	83.8	-4.6
大兴区	143.7	109.3	31.5	99.6	88.1	13.0
怀柔区	21.9	12.1	81.9	18.4	11.3	63.5
平谷区	19.8	19.1	3.3	15.1	14.2	6.6
密云区	15.8	26.9	-41.3	14.1	23.9	-40.9
延庆区	20.7	13.7	51.8	9.9	9.9	0.3
北京经济技术开发区	14.4	60.7	-76.2	11.0	50.2	-78.0

注：销售面积为期房与现房销售面积之和。

3–16 能源消费基本情况

各　区	能源消费总量（万吨标准煤）		万元地区生产总值能耗下降率（%）	
	2022	2021	2022	2021
全　市	**6896.9**	**7103.6**	**3.58**	**3.46**
东 城 区	325.2	327.3	5.86	-0.16
西 城 区	375.0	373.4	3.51	3.66
朝 阳 区	932.5	939.4	1.47	-0.79
丰 台 区	440.8	441.7	1.16	7.85
石景山区	124.9	128.2	4.30	1.87
海 淀 区	754.6	751.4	3.00	2.57
门头沟区	65.6	65.7	1.12	-7.40
房 山 区	775.1	779.8	3.55	13.56
通 州 区	336.4	324.7	-0.78	-0.67
顺 义 区	884.1	1075.6	18.18	3.04
昌 平 区	361.4	362.8	1.81	3.25
大 兴 区	368.0	392.2	-30.29	16.54
怀 柔 区	117.8	116.6	1.88	3.40
平 谷 区	112.6	110.1	5.23	2.10
密 云 区	118.8	117.7	-0.41	6.12
延 庆 区	64.6	62.0	-0.61	-4.09
北京经济技术开发区	289.1	272.2	-19.84	16.79

注：1. 能源消费总量各区合计数不等于全市是由于各区中扣除了划归市一级核算的部分。

2. 万元地区生产总值能耗下降率按可比价格计算，2022年为初步核算数据。

3-17　全社会用电量情况（2022年）

单位：万千瓦时

各　区	全社会用电量	第一产业	第二产业	第三产业	居民生活
全　市	**12808016**	**91235**	**3051841**	**6455725**	**3209216**
东 城 区	475076		12245	353789	109042
西 城 区	555734		18368	391042	146324
朝 阳 区	2071904	1129	251127	1290926	528722
丰 台 区	1003013	377	137659	581959	283018
石景山区	258415		41875	153445	63095
海 淀 区	1671939	3062	140213	1170137	358527
门头沟区	163039	1221	32802	69619	59397
房 山 区	854406	13219	387520	234552	219115
通 州 区	851388	11271	162768	396304	281045
顺 义 区	986633	14935	253627	438709	279362
昌 平 区	916982	12264	162066	446183	296469
大 兴 区	727342	10656	157135	345356	214193
怀 柔 区	238965	5239	67450	83482	82794
平 谷 区	196903	8695	48479	56003	83727
密 云 区	250838	6035	53981	83512	107310
延 庆 区	174204	3133	19483	89170	62417
北京经济技术开发区	844285		538091	271536	34659

注：由于线损和区域电厂实行集中管理，本表各区未统计线损电量和电厂厂用电量，故分区数据之和不等于全市。

资料来源：国网北京市电力公司。

3-18 农村基本情况

各区	行政村常住户数（万户）			行政村常住人口（万人）			行政村从业人员（万人）			行政村农林牧渔业从业人员（万人）		
	2022	2021	增长速度（%）	2022	2021	增长速度（%）	2022	2021	增长速度（%）	2022	2021	增长速度（%）
全　市	**217.7**	**221.5**	**-1.7**	**559.6**	**569.0**	**-1.7**	**333.3**	**340.3**	**-2.1**	**39.8**	**40.0**	**-0.6**
朝阳区	18.1	18.8	-3.9	41.9	42.8	-1.9	29.3	29.9	-2.1	0.2	0.2	-4.8
丰台区	10.8	11.0	-1.6	25.9	27.3	-5.1	15.1	15.9	-5.3	0.5	0.4	2.3
海淀区	13.1	13.3	-1.9	33.5	34.3	-2.3	19.8	20.4	-2.7	0.7	0.8	-9.0
门头沟区	3.1	3.2	-2.1	6.2	6.4	-3.9	3.3	3.4	-3.0	0.6	0.6	-0.2
房山区	22.4	22.8	-1.6	61.4	62.7	-2.1	31.0	31.8	-2.5	4.6	4.9	-4.6
通州区	31.1	30.9	0.5	81.9	82.1	-0.2	42.8	42.2	1.3	2.7	2.9	-5.8
顺义区	25.8	26.4	-2.4	70.5	72.2	-2.4	42.2	43.4	-2.7	2.4	2.4	-2.3
昌平区	35.6	37.7	-5.5	86.6	90.3	-4.1	57.4	60.3	-4.9	2.5	2.6	-1.4
大兴区	16.1	15.4	4.7	48.9	46.5	5.1	28.0	27.9	0.4	4.4	3.7	19.9
怀柔区	9.5	9.8	-3.4	23.1	23.6	-2.1	14.0	14.5	-3.2	3.2	3.3	-3.6
平谷区	11.6	11.6	0.04	32.1	32.6	-1.3	19.5	19.4	0.4	6.7	6.8	-0.4
密云区	11.9	11.9	-0.4	27.2	27.6	-1.4	18.7	18.9	-1.1	7.6	7.8	-1.9
延庆区	8.7	8.7	-0.2	20.4	20.6	-1.4	12.3	12.3	-0.3	3.5	3.6	-2.8

3–18 续表

各 区	农业机械总动力（万千瓦）			化肥施用量（折纯量）（吨）		
	2022	2021	增长速度（%）	2022	2021	增长速度（%）
全 市	**116.4**	**121.2**	**-4.0**	**66087.5**	**62971.5**	**4.9**
朝 阳 区	0.2	0.2		948.8	268.4	253.5
丰 台 区	0.5	0.9	-44.4	138.5	144.6	-4.2
海 淀 区	1.5	1.1	36.4	642.8	576.6	11.5
门头沟区	0.8	0.8		345.1	238.0	45.0
房 山 区	9.0	9.1	-1.1	6791.8	6607.2	2.8
通 州 区	12.2	12.2		6486.4	6851.0	-5.3
顺 义 区	21.3	20.4	4.4	13838.7	13427.9	3.1
昌 平 区	5.0	4.9	2.0	1589.3	1552.3	2.4
大 兴 区	12.6	12.4	1.6	16190.5	14765.5	9.7
怀 柔 区	12.5	12.2	2.5	1859.6	1943.4	-4.3
平 谷 区	15.3	15.3		5287.4	5671.1	-6.8
密 云 区	12.8	12.5	2.4	5536.1	4683.8	18.2
延 庆 区	9.6	9.5	1.1	6432.5	6241.7	3.1

注：全市农业机械总动力包含首农集团未分配到各区的农机具数据，故分区数据之和不等于全市。
资料来源：农业机械总动力由北京市农业农村局提供。

3-19 农林牧渔业总产值

单位：万元

各 区	农林牧渔业总产值			农 业			林 业		
	2022	2021	增长速度（%）	2022	2021	增长速度（%）	2022	2021	增长速度（%）
全 市	**2681755.8**	**2695138.5**	**-0.5**	**1297652.4**	**1229825.9**	**5.5**	**865169.3**	**888021.3**	**-2.6**
朝阳区	66304.0	62731.4	5.7	7176.7	8309.2	-13.6	58685.0	53920.6	8.8
丰台区	17601.6	16623.7	5.9	2384.3	2717.5	-12.3	15100.5	13789.4	9.5
海淀区	46071.9	42877.7	7.4	25765.0	22659.0	13.7	18762.5	17108.3	9.7
门头沟区	34367.8	37326.0	-7.9	5588.6	6357.6	-12.1	27643.5	29769.2	-7.1
房山区	269957.2	321088.2	-15.9	126457.6	127525.7	-0.8	114047.4	151727.3	-24.8
通州区	312697.6	311015.6	0.5	175990.8	168007.6	4.8	96407.6	101658.0	-5.2
顺义区	439499.4	440456.7	-0.2	190940.6	179731.4	6.2	125779.0	110833.8	13.5
昌平区	158294.5	183296.5	-13.6	65548.2	56817.9	15.4	59041.8	75151.5	-21.4
大兴区	342739.2	327593.7	4.6	239386.9	213061.0	12.4	87012.3	93811.6	-7.2
怀柔区	120329.4	100139.9	20.2	40005.1	36107.4	10.8	74658.8	60867.8	22.7
平谷区	346795.7	350467.8	-1.0	183475.1	192988.6	-4.9	36312.2	31599.6	14.9
密云区	335217.5	335213.9	…	170790.4	156282.7	9.3	90174.5	105218.8	-14.3
延庆区	184819.5	155604.6	18.8	64143.1	59260.3	8.2	61544.2	42565.4	44.6

注：全市农林牧渔业总产值中含远洋捕捞，各区不包括远洋捕捞数据，故分区数据之和不等于全市。

3-19 续表

单位：万元

各区	农林牧渔业总产值								
	牧业			渔业			农林牧渔专业及辅助性活动		
	2022	2021	增长速度（%）	2022	2021	增长速度（%）	2022	2021	增长速度（%）
全市	**422891.8**	**462669.3**	**-8.6**	**38531.3**	**43740.1**	**-11.9**	**57511.0**	**70881.9**	**-18.9**
朝阳区				414.7	446.4	-7.1	27.6	55.2	-50.0
丰台区							116.8	116.8	
海淀区	246.1	619.6	-60.3	325.3	418.7	-22.3	973.0	2072.1	-53.0
门头沟区	325.2	419.4	-22.5				810.5	779.8	3.9
房山区	26397.4	34623.5	-23.8	2285.6	2981.4	-23.3	769.2	4230.3	-81.8
通州区	34332.6	33211.1	3.4	5259.6	7575.3	-30.6	707.0	563.6	25.4
顺义区	96687.0	117411.3	-17.7	4314.9	4158.1	3.8	21777.9	28322.1	-23.1
昌平区	30701.5	39586.0	-22.4	760.5	2133.8	-64.4	2242.5	9607.3	-76.7
大兴区	12441.8	17265.5	-27.9	3.8	4.7	-19.2	3894.4	3450.9	12.9
怀柔区	4978.4	1683.6	195.7	365.6	549.6	-33.5	321.5	931.5	-65.5
平谷区	107795.1	113341.0	-4.9	7019.8	7246.2	-3.1	12193.5	5292.4	130.4
密云区	57741.5	59462.9	-2.9	10546.3	6581.8	60.2	5964.8	7667.7	-22.2
延庆区	51245.2	45045.4	13.8	174.7	941.3	-81.4	7712.3	7792.2	-1.0

3-20 农作物播种面积

单位：公顷

各 区	农作物播种面积			#粮食作物			#蔬菜及食用菌		
	2022	2021	增长速度（%）	2022	2021	增长速度（%）	2022	2021	增长速度（%）
全 市	**147360.2**	**121693.3**	**21.1**	**76734.4**	**60922.6**	**26.0**	**53166.0**	**46450.2**	**14.5**
朝阳区	860.4	443.0	94.2	424.4	102.9	312.5	342.4	264.2	29.6
丰台区	374.1	252.1	48.4	182.0	77.2	135.7	174.9	165.2	5.9
海淀区	1398.2	1211.1	15.5	541.8	443.9	22.0	780.0	671.7	16.1
门头沟区	1290.2	1285.8	0.3	458.9	450.2	1.9	257.2	242.9	5.9
房山区	17466.2	14183.6	23.1	9646.8	7148.9	34.9	6668.6	6101.8	9.3
通州区	15250.9	12091.8	26.1	4786.5	3241.0	47.7	9033.5	8162.2	10.7
顺义区	26506.7	22291.8	18.9	14754.5	11628.0	26.9	7226.7	6331.2	14.1
昌平区	4328.5	3032.0	42.8	2049.9	1018.9	101.2	1422.3	1246.4	14.1
大兴区	30173.4	23810.6	26.7	10034.0	6748.3	48.7	16463.1	14000.5	17.6
怀柔区	6679.9	6354.2	5.1	4680.1	4526.7	3.4	1065.6	901.3	18.2
平谷区	10806.2	8401.0	28.6	7370.8	5912.1	24.7	2512.0	2118.3	18.6
密云区	15986.4	14038.7	13.9	10746.3	9468.7	13.5	4174.5	3764.5	10.9
延庆区	16239.1	14297.5	13.6	11058.4	10155.9	8.9	3045.3	2480.2	22.8

3-21 主要经济作物产量

单位：吨

各区	蔬菜及食用菌			干鲜果品			#鲜果		
	2022	2021	增长速度（%）	2022	2021	增长速度（%）	2022	2021	增长速度（%）
全市	**1988641.1**	**1656020.3**	**20.1**	**293514.3**	**384591.5**	**-23.7**	**267493.2**	**354254.3**	**-24.5**
朝阳区	7888.7	6394.6	23.4	140.0	278.0	-49.6	140.0	278.0	-49.6
丰台区	4433.8	4104.2	8.0	737.4	700.6	5.3	737.4	700.6	5.3
海淀区	23729.9	19315.1	22.9	4312.4	4218.8	2.2	4291.2	4185.8	2.5
门头沟区	1711.8	1414.0	21.1	2414.9	3163.9	-23.7	2293.0	3006.4	-23.7
房山区	209184.2	186433.7	12.2	18157.7	28065.9	-35.3	17601.7	27370.8	-35.7
通州区	382115.1	316799.6	20.6	7577.9	17110.0	-55.7	7506.7	16703.6	-55.1
顺义区	346021.3	285368.4	21.3	16388.7	19606.3	-16.4	16263.0	19445.0	-16.4
昌平区	45078.9	38453.4	17.2	10417.2	10852.4	-4.0	9659.9	9898.0	-2.4
大兴区	577203.7	458759.7	25.8	22657.0	36275.6	-37.5	22636.8	36255.1	-37.6
怀柔区	40156.2	31097.6	29.1	16166.4	16618.0	-2.7	6827.1	7416.2	-7.9
平谷区	84303.8	72661.6	16.0	152135.4	199980.1	-23.9	149636.8	196288.4	-23.8
密云区	171057.9	160276.0	6.7	34666.5	39666.5	-12.6	22968.2	25480.1	-9.9
延庆区	95755.8	74942.3	27.8	7742.8	8055.4	-3.9	6931.4	7226.3	-4.1

3-21 续表1

各区	瓜类及草莓（吨）			鲜切花（百枝）		
	2022	2021	增长速度（%）	2022	2021	增长速度（%）
全市	**115842.4**	**134192.9**	**-13.7**	**203950.7**	**236050.1**	**-13.6**
朝阳区	114.3	86.7	31.8			
丰台区	27.8	21.0	32.4			
海淀区	715.3	1019.7	-29.9	229.0		
门头沟区	2.2	1.8	22.2			
房山区	1533.4	1776.8	-13.7	2874.5	4737.0	-39.3
通州区	3263.9	6427.2	-49.2	9690.0	12230.0	-20.8
顺义区	44530.9	52662.1	-15.4	48019.6	77990.1	-38.4
昌平区	7867.1	7584.6	3.7	15320.0	19620.0	-21.9
大兴区	48697.4	55975.2	-13.0	1710.0	7980.0	-78.6
怀柔区	680.2	579.5	17.4	850.0	697.0	22.0
平谷区	2133.7	2239.0	-4.7	1882.0	2945.0	-36.1
密云区	2410.7	2340.9	3.0			
延庆区	3865.5	3478.4	11.1	123375.5	109851.0	12.3

3-21 续表2

各　区	盆栽花（百盆）			盆栽观叶植物（百盆）		
	2022	2021	增长速度（%）	2022	2021	增长速度（%）
全　市	**835561.9**	**1259641.5**	**-33.7**	**2823.3**	**4158.6**	**-32.1**
朝阳区						
丰台区	660.0	1150.0	-42.6			
海淀区	3709.0	3835.1	-3.3	67.0	1000.0	-93.3
门头沟区		0.2		800.0		
房山区	26651.3	46062.5	-42.1	1000.0	96.7	933.9
通州区	39563.7	48941.4	-19.2	24.4	104.0	-76.5
顺义区	441576.8	575530.1	-23.3	748.6	2756.1	-72.8
昌平区	24067.7	42933.6	-43.9	2.0	97.1	-97.9
大兴区	276830.0	516286.3	-46.4			
怀柔区	2220.5	2123.7	4.6	80.0	22.0	263.6
平谷区	7596.0	8716.1	-12.9			
密云区	700.2	1064.5	-34.2			
延庆区	11986.8	12997.9	-7.8	101.3	82.6	22.5

3–22 粮食播种面积及产量情况

各区	粮食播种面积（公顷）			粮食产量（吨）		
	2022	2021	增长速度（%）	2022	2021	增长速度（%）
全市	**76734.4**	**60922.6**	**26.0**	**453565.9**	**377527.9**	**20.1**
朝阳区	424.4	102.9	312.5	1780.5	486.5	266.0
丰台区	182.0	77.2	135.7	664.8	358.5	85.4
海淀区	541.8	443.9	22.0	2521.3	2211.1	14.0
门头沟区	458.9	450.2	1.9	919.1	828.7	10.9
房山区	9646.8	7148.9	34.9	54342.5	40263.3	35.0
通州区	4786.5	3241.0	47.7	27639.8	20261.7	36.4
顺义区	14754.5	11628.0	26.9	85366.4	68273.7	25.0
昌平区	2049.9	1018.9	101.2	8566.7	4335.2	97.6
大兴区	10034.0	6748.3	48.7	55123.1	39834.7	38.4
怀柔区	4680.1	4526.7	3.4	26283.4	27307.4	-3.7
平谷区	7370.8	5912.1	24.7	44928.2	35491.2	26.6
密云区	10746.3	9468.7	13.5	60893.7	53593.7	13.6
延庆区	11058.4	10155.9	8.9	84411.7	77788.8	8.5

注：全市粮食产量为抽样调查推算数据，故分区数据之和不等于全市。

3-23 主要畜禽产品产量

单位：吨

各　区	肉　类			#猪牛羊肉		
	2022	2021	增长速度(%)	2022	2021	增长速度(%)
全　市	**43262.7**	**44181.4**	**-2.1**	**33994.5**	**32532.6**	**4.5**
朝阳区						
丰台区						
海淀区	89.7	124.4	-27.8	84.9	118.8	-28.5
门头沟区	4.0	2.3	71.6	2.6	1.3	95.0
房山区	4811.0	4496.2	7.0	3756.7	2052.2	83.1
通州区	2484.3	3408.8	-27.1	1421.2	1910.3	-25.6
顺义区	10767.3	13170.2	-18.2	10009.7	12146.0	-17.6
昌平区	2665.9	2699.8	-1.3	2552.7	2427.7	5.1
大兴区	807.4	1446.0	-44.2	390.9	1123.8	-65.2
怀柔区	2269.4	147.4	1439.4	2259.6	118.9	1799.8
平谷区	7792.0	8817.7	-11.6	3155.0	4341.6	-27.3
密云区	5673.0	6248.9	-9.2	5090.0	5267.4	-3.4
延庆区	5898.6	3619.7	63.0	5271.1	3024.6	74.3

3-23 续表

单位：吨

各　区	牛　奶			禽　蛋		
	2022	2021	增长速度（%）	2022	2021	增长速度（%）
全　市	**262167.1**	**258474.9**	**1.4**	**87323.8**	**93501.0**	**-6.6**
朝阳区						
丰台区						
海淀区	72.7	699.8	-89.6			
门头沟区	11.0	24.5	-55.1	32.8	36.6	-10.4
房山区	10931.0	19765.5	-44.7	2505.9	3668.8	-31.7
通州区	62315.1	54775.9	13.8	8.7	77.1	-88.7
顺义区	46360.2	40649.7	14.0	2993.4	2607.6	14.8
昌平区	30586.1	26985.9	13.3	1098.3	1159.8	-5.3
大兴区	25776.1	26788.3	-3.8	739.8	2924.1	-74.7
怀柔区	3.6	2.2	63.6	144.3	155.2	-7.0
平谷区	1739.0	1680.8	3.5	62682.7	66634.9	-5.9
密云区	54884.8	55821.3	-1.7	5541.9	6724.2	-17.6
延庆区	29487.4	31281.0	-5.7	11576.0	9512.7	21.7

3-24　水产品产量

单位：吨

各　区	2022	2021
全　市	**17492**	**22779**
朝 阳 区	110	134
丰 台 区		
海 淀 区		
门头沟区		
房 山 区	934	1347
通 州 区	2121	1653
顺 义 区	2399	2969
昌 平 区	625	886
大 兴 区	49	94
怀 柔 区	98	144
平 谷 区	4021	4763
密 云 区	2801	2652
延 庆 区	82	665

注：全市合计数中含远洋捕捞数据（2022年为4252吨，2021年为7472吨），分区数据不包括，故分区数据之和不等于全市。
资料来源：北京市农业农村局。

3-25 生猪饲养和产量情况（2022年）

各　区	年末生猪存栏（头）	生猪出栏（头）	猪肉产量（吨）
全　市	**367777**	**321747**	**27807**
朝阳区			
丰台区			
海淀区	856	1317	85
门头沟区			
房山区	72018	33251	2842
通州区	2256	12162	1080
顺义区	78486	90253	7487
昌平区	42252	25796	2270
大兴区	3178	4074	346
怀柔区	3652	19854	2227
平谷区	108628	30742	2652
密云区	43848	50795	4170
延庆区	12603	53503	4648

3–26 农业观光园情况

各 区	农业观光园个数（个）		高峰期从业人员（人）		接待人次（人次）		经营总收入（万元）	
	2022	2021	2022	2021	2022	2021	2022	2021
全 市	**1027**	**1009**	**29441**	**29451**	**7069622**	**11544915**	**184076.0**	**184456.5**
朝 阳 区	7	6	500	628	143300	158159	6953.6	8866.9
丰 台 区	20	17	1087	1034	1640599	2116760	16615.7	15697.0
海 淀 区	84	87	2375	2603	205543	234745	10541.0	9638.6
门头沟区	45	42	442	511	120280	212116	1618.7	2401.0
房 山 区	69	71	1092	968	128235	292030	3406.0	3844.7
通 州 区	120	100	2185	1842	368753	591178	17988.5	13998.9
顺 义 区	81	70	2234	1936	335168	596285	18545.9	13241.5
昌 平 区	114	139	4047	4208	403586	428118	27729.0	24361.0
大 兴 区	49	47	1247	1268	298286	655611	8081.6	9917.7
怀 柔 区	128	132	1177	1335	708898	1105041	9861.4	11822.0
平 谷 区	131	135	6808	7610	944161	2352072	14187.1	21330.9
密 云 区	117	122	4375	4260	1497431	2406178	40117.9	43344.4
延 庆 区	62	41	1872	1248	275382	396622	8429.8	5991.9

3-27 乡村旅游情况

各　区	实际经营的乡村旅游接待户和单位（户、个）		高峰期从业人员（人）		乡村旅游接待人次（人次）		乡村旅游总收入（万元）	
	2022	2021	2022	2021	2022	2021	2022	2021
全　市	**7105**	**6793**	**21463**	**21607**	**10808708**	**13657248**	**137192.7**	**141386.7**
朝阳区	1	3	8	18	3480	5630	102.0	60.0
海淀区	9	10	309	323	209577	288446	4764.4	6058.5
门头沟区	415	356	1249	1075	262250	270143	7975.9	5738.4
房山区	1157	1171	2165	2503	621884	835325	7399.6	7449.1
通州区	15	12	77	112	12091	13610	288.1	304.3
顺义区	34	36	151	197	141318	235445	1777.8	1362.9
昌平区	210	241	913	1152	776478	1236367	6718.7	9287.8
大兴区	75	93	280	396	234907	264115	1930.7	1604.4
怀柔区	1351	1452	4287	4611	1547649	1986077	26081.9	27259.9
平谷区	579	492	1901	1877	1106186	1617334	10574.8	12351.2
密云区	1868	2017	5398	6083	3164007	4192796	36021.5	43937.4
延庆区	1391	910	4725	3260	2728881	2711960	33557.5	25972.9

3-28 设施农业生产情况（2022年）

各 区	设施农业播种面积（公顷）	设施农业产值（万元）		设施农业产品产量		
			#花卉苗木	蔬菜及食用菌（吨）	瓜 果（吨）	园林水果（吨）
全 市	**32496.0**	**598172.5**	**23698.6**	**1087133.4**	**105426.1**	**1924.3**
朝阳区	101.5	1983.5		2329.8	42.2	
丰台区	88.9	1068.9	80.0	1937.4	25.8	
海淀区	460.5	9281.8	193.8	10870.3	553.2	0.6
门头沟区	10.6	136.2		98.6	1.7	3.7
房山区	4924.0	76893.3	1203.3	144174.6	842.5	106.8
通州区	4956.5	76722.3	2285.9	211792.7	2802.4	318.5
顺义区	5484.0	124077.2	8760.7	229291.7	41559.4	259.1
昌平区	1155.6	43815.1	2901.5	27852.9	7474.3	17.1
大兴区	11894.4	150138.8	5588.0	338439.6	44408.8	161.4
怀柔区	238.7	8387.7	68.2	15196.7	552.2	50.5
平谷区	1031.7	30747.8	566.6	30852.3	2030.7	438.3
密云区	1248.1	55718.4	62.4	48385.4	2206.5	463.0
延庆区	901.8	19201.5	1988.3	25911.4	2926.4	105.3

3-29 种业生产情况（2022年）

各区	种业收入（万元）	#销往外埠收入（万元）	种业产品产量 小麦种（公斤）	玉米种（公斤）	树苗（百株）	种猪（头）	种羊（只）	种雏禽（万只）	种鱼苗（万尾）
全市	**89448.2**	**54761.3**	**500000**	**68000**	**2028.1**	**34123**	**190**	**1433.2**	**6431.8**
朝阳区	624.9				1511.5				
海淀区	124.3				123.6	251			
房山区	809.5	500.0			1.0				2600.0
通州区	4573.4	502.0	500000		239.4				160.0
顺义区	22121.1	21216.1				15936	190	698.3	
昌平区	17275.1	13098.9			53.5	7632			
大兴区	3568.9	1.5							
怀柔区	743.9	488.2							1858.8
平谷区	22051.3	6526.4				8540		633.4	
密云区	4604.2	4175.1		68000		1764			960.0
延庆区	12951.6	8253.1			99.0			101.5	853.0

3-30 规模以上工业总产值情况

单位：亿元

各　区	工业总产值		#国有控股	
	2022	2021	2022	2021
全　市	**23870.0**	**24988.1**	**14872.7**	**14386.0**
东 城 区	93.6	94.0	84.9	84.0
西 城 区	625.4	592.5	211.2	191.5
朝 阳 区	796.3	770.5	473.7	454.9
丰 台 区	511.1	545.0	376.6	413.6
石景山区	251.8	306.5	219.4	253.4
海 淀 区	3057.7	3440.8	801.7	756.8
门头沟区	57.2	54.8	9.6	9.3
房 山 区	1017.7	894.0	827.9	706.3
通 州 区	610.5	634.1	162.1	165.0
顺 义 区	1540.7	1569.6	959.0	941.5
昌 平 区	1364.9	1316.0	531.1	507.0
大 兴 区	1032.9	2271.6	349.6	347.4
怀 柔 区	448.5	610.5	66.5	70.3
平 谷 区	180.9	162.8	49.6	23.7
密 云 区	229.0	234.5	32.8	33.5
延 庆 区	140.2	138.2	108.3	102.3
北京经济技术开发区	5128.7	5712.1	2825.8	3684.9

注：1. 本表统计范围为年主营业务收入2000万元及以上的工业法人企业，下同。
2. 国家电网公司、国网冀北电力有限公司、国网北京市电力公司的工业总产值由市统计局统一核算，故分区数据之和不等于全市。

3-30 续表1

单位：亿元

各 区	工业总产值					
	内 资		港澳台商投资企业		外商投资企业	
	2022	2021	2022	2021	2022	2021
全 市	**15694.0**	**15143.7**	**2755.9**	**4408.8**	**5420.1**	**5435.7**
东 城 区	91.0	91.1			2.6	2.9
西 城 区	215.9	199.7	408.5	392.6	1.0	0.3
朝 阳 区	506.4	500.2	113.1	135.3	176.8	135.0
丰 台 区	477.4	514.8	1.9	1.8	31.8	28.4
石景山区	210.6	237.6	35.8	36.6	5.4	32.3
海 淀 区	1332.3	1256.9	1543.0	2004.1	182.4	179.9
门头沟区	56.1	53.7			1.1	1.1
房 山 区	982.5	868.4	21.4	11.1	13.8	14.5
通 州 区	448.7	472.5	9.9	13.8	151.9	147.8
顺 义 区	754.9	759.9	27.9	29.8	757.9	779.9
昌 平 区	1033.0	954.4	31.8	31.5	300.2	330.1
大 兴 区	702.3	706.7	151.3	1386.3	179.3	178.6
怀 柔 区	198.0	207.5	19.7	10.0	230.8	393.0
平 谷 区	124.2	99.9	6.6	7.0	50.1	56.0
密 云 区	155.7	153.4	21.4	26.5	51.9	54.6
延 庆 区	132.0	130.0	7.7	7.0	0.5	1.1
北京经济技术开发区	1490.1	2296.6	355.8	315.3	3282.8	3100.3

3-30 续表2

单位：亿元

各 区	工业总产值					
	#大型企业		#中型企业		#小型企业	
	2022	2021	2022	2021	2022	2021
全 市	**15939.1**	**17160.5**	**3710.5**	**3735.9**	**4023.0**	**3877.1**
东城区	62.0	53.9	4.2	26.1	27.4	13.8
西城区	526.9	507.5	33.9	33.3	63.3	51.4
朝阳区	265.8	289.2	249.9	201.5	269.9	273.9
丰台区	223.1	246.4	128.8	133.1	156.2	160.4
石景山区	142.7	174.4	42.3	46.8	66.7	85.2
海淀区	1761.7	2172.8	831.4	812.4	454.4	447.8
门头沟区	20.7	24.2	2.8		27.7	24.9
房山区	701.2	548.4	84.0	119.6	228.1	223.2
通州区	93.5	96.3	216.8	244.1	281.1	275.5
顺义区	773.7	766.1	422.9	405.2	330.0	386.2
昌平区	551.5	531.2	285.2	264.8	427.3	393.7
大兴区	324.3	1483.6	230.4	312.8	470.1	468.8
怀柔区	165.6	325.6	91.9	111.2	186.9	173.0
平谷区	4.2	4.9	70.3	55.8	101.9	97.7
密云区	28.2	23.4	75.1	93.9	122.3	113.4
延庆区			20.5	18.1	118.2	118.7
北京经济技术开发区	3510.9	4272.1	920.1	857.2	691.6	569.5

注：企业大中小型划分标准执行国家统计局《关于统计上大中小微型企业划分办法（2017）》（国统字〔2017〕213号），下同。

3-30 续表3

单位：亿元

各区	工业总产值			
	轻工业		重工业	
	2022	2021	2022	2021
全　市	**3388.4**	**5649.6**	**20481.7**	**19338.5**
东城区	7.0	8.0	86.6	86.0
西城区	37.6	39.0	587.8	553.5
朝阳区	86.2	127.0	710.2	643.5
丰台区	70.3	74.9	440.8	470.1
石景山区	5.5	6.9	246.3	299.6
海淀区	163.9	179.3	2893.8	3261.5
门头沟区	7.0	6.7	50.2	48.1
房山区	87.2	80.8	930.5	813.2
通州区	299.8	306.1	310.7	328.0
顺义区	340.4	332.0	1200.3	1237.6
昌平区	358.5	353.4	1006.4	962.6
大兴区	584.5	1802.9	448.4	468.6
怀柔区	156.9	159.8	291.5	450.7
平谷区	75.6	74.0	105.3	88.8
密云区	97.0	97.7	132.0	136.8
延庆区	13.7	14.3	126.6	123.9
北京经济技术开发区	997.2	1986.7	4131.5	3725.4

3–31 规模以上工业企业主要财务指标

单位：个

各　区	企业单位数		2022年企业单位数中				
	2022	2021	#大　型	#中　型	#小　型	轻工业	重工业
全　市	**3141**	**3073**	**113**	**412**	**2411**	**1027**	**2114**
东 城 区	19	21	1	3	15	10	9
西 城 区	35	35	8	6	19	11	24
朝 阳 区	196	192	5	30	140	47	149
丰 台 区	140	136	7	16	107	26	114
石景山区	36	32	3	6	27	5	31
海 淀 区	395	391	17	62	303	67	328
门头沟区	28	26	1	1	22	6	22
房 山 区	159	160	5	14	133	55	104
通 州 区	332	330	5	31	248	115	217
顺 义 区	336	345	12	41	263	123	213
昌 平 区	311	297	11	36	247	104	207
大 兴 区	302	302	8	34	244	145	157
怀 柔 区	161	155	3	14	133	76	85
平 谷 区	117	112	1	15	94	54	63
密 云 区	134	135	1	11	111	47	87
延 庆 区	45	45		5	35	10	35
北京经济技术开发区	395	359	25	87	270	126	269

3-31 续表1

单位：个

各 区	2022年企业单位数中			
	#国有控股	内 资	港澳台商投资	外商投资
全 市	**664**	**2494**	**130**	**517**
东城区	10	18		1
西城区	24	32	1	2
朝阳区	67	157	11	28
丰台区	47	132	2	6
石景山区	10	30	2	4
海淀区	97	340	16	39
门头沟区	4	27		1
房山区	34	149	3	7
通州区	47	279	5	48
顺义区	66	226	12	98
昌平区	67	257	13	41
大兴区	60	266	7	29
怀柔区	20	111	15	35
平谷区	12	76	6	35
密云区	21	113	6	15
延庆区	12	41	2	2
北京经济技术开发区	66	240	29	126

3–31 续表2

单位：亿元

各　区	资产总计		负债合计		营业收入	
	2022	2021	2022	2021	2022	2021
全　市	**66052.5**	**61056.0**	**29327.9**	**26371.6**	**27713.6**	**28745.1**
东城区	309.1	279.1	171.6	181.6	112.5	106.0
西城区	28805.8	26866.8	9837.8	8501.2	7638.7	6316.8
朝阳区	2417.0	2266.1	1020.4	1013.5	969.2	916.6
丰台区	1240.6	1250.9	639.1	687.1	582.8	607.8
石景山区	3936.2	3887.2	2521.8	2500.3	546.1	739.8
海淀区	7115.5	6499.8	3389.5	3192.1	4553.4	5007.7
门头沟区	169.3	134.8	75.9	62.2	63.9	65.8
房山区	916.8	999.1	524.8	600.5	1049.4	949.9
通州区	1219.3	1163.3	619.2	588.1	834.4	874.0
顺义区	2924.2	2764.3	1805.7	1631.5	1647.1	1770.5
昌平区	3172.7	2850.3	1628.1	1578.5	1778.3	1805.5
大兴区	2100.6	2137.8	684.3	720.0	1133.1	2287.7
怀柔区	749.0	718.4	411.3	375.6	563.7	717.1
平谷区	271.9	245.2	156.5	133.3	214.8	205.6
密云区	443.5	519.3	244.2	308.1	259.5	273.0
延庆区	253.3	199.0	124.1	123.8	148.3	147.5
北京经济技术开发区	10007.5	8274.6	5473.5	4174.3	5618.4	5953.8

3-31　续表3

单位：亿元

各　区	利润总额		利税总额	
	2022	2021	2022	2021
全　市	**1998.7**	**3684.4**	**2970.5**	**4583.8**
东城区	2.6	2.2	5.3	5.7
西城区	437.9	375.2	632.6	524.8
朝阳区	102.2	82.1	138.5	115.5
丰台区	41.6	53.7	59.4	69.6
石景山区	31.2	-55.8	51.9	-37.4
海淀区	348.2	336.5	409.4	392.3
门头沟区	3.5	3.7	5.7	5.7
房山区	10.1	17.5	116.1	127.6
通州区	35.2	66.3	98.0	125.3
顺义区	15.0	36.5	100.2	110.8
昌平区	139.5	124.1	185.2	162.4
大兴区	112.8	1189.3	149.7	1245.8
怀柔区	14.2	26.9	33.1	41.9
平谷区	7.8	8.4	13.9	15.0
密云区	13.1	7.8	22.3	16.6
延庆区	6.6	8.8	11.6	11.4
北京经济技术开发区	677.5	1401.0	937.7	1650.8

3-31 续表4

各　区	应交税金合计（亿元）		#应交增值税		平均用工人数（人）	
	2022	2021	2022	2021	2022	2021
全　市	**1270.1**	**1486.0**	**623.2**	**560.0**	**817131**	**809749**
东城区	7.0	6.5	1.8	2.6	4782	5148
西城区	245.0	195.3	162.4	118.5	64694	65503
朝阳区	53.5	49.0	29.7	26.5	55308	56660
丰台区	23.5	23.2	15.1	13.0	35907	36120
石景山区	24.9	19.1	16.0	13.2	20146	20424
海淀区	90.8	89.9	50.7	45.5	100651	93864
门头沟区	2.7	2.4	1.8	1.6	5310	5187
房山区	112.0	114.9	24.5	27.8	35415	34826
通州区	69.8	67.7	25.4	24.5	52141	51633
顺义区	93.2	85.0	47.5	34.7	92956	97698
昌平区	63.4	59.0	38.1	31.0	69025	67287
大兴区	46.6	236.1	30.5	48.0	55589	55853
怀柔区	20.4	19.6	13.8	9.5	31532	32679
平谷区	7.7	8.8	5.0	5.5	19904	19651
密云区	11.3	11.5	7.2	6.7	19047	22138
延庆区	5.7	3.5	4.4	2.0	6816	7127
北京经济技术开发区	392.3	494.2	149.3	149.2	147908	137951

注：应交税金合计主要包括应交增值税、应交所得税和税金及附加等。计算应交增值税时企业应交增值税为负数的按实际计算。

3-32 建筑业主要指标

各区	企业单位数（个）			年末从业人员（人）			建筑业总产值（亿元）		
	2022	2021	增长速度（%）	2022	2021	增长速度（%）	2022	2021	增长速度（%）
全 市	**2770**	**2658**	**4.2**	**583229**	**567966**	**2.7**	**13866.1**	**13987.7**	**-0.9**
东城区	99	101	-2.0	28672	30277	-5.3	823.7	998.1	-17.5
西城区	148	145	2.1	26049	27395	-4.9	863.0	842.8	2.4
朝阳区	516	499	3.4	82412	103736	-20.6	1880.7	2146.1	-12.4
丰台区	226	223	1.3	117009	121450	-3.7	2768.1	2765.6	0.1
石景山区	78	81	-3.7	28618	31312	-8.6	852.2	906.9	-6.0
海淀区	301	326	-7.7	65742	60919	7.9	1544.1	1436.5	7.5
门头沟区	67	63	6.3	12903	5136	151.2	166.4	138.2	20.4
房山区	140	101	38.6	16111	15044	7.1	143.0	141.2	1.3
通州区	198	186	6.5	41584	40079	3.8	2168.0	2011.6	7.8
顺义区	187	180	3.9	40539	37772	7.3	591.0	639.6	-7.6
昌平区	162	166	-2.4	14374	16011	-10.2	265.2	282.7	-6.2
大兴区	217	214	1.4	22899	24219	-5.5	551.9	580.4	-4.9
怀柔区	92	91	1.1	8192	8055	1.7	161.5	151.9	6.4
平谷区	121	103	17.5	13211	10732	23.1	101.4	99.1	2.3
密云区	72	69	4.3	12045	13675	-11.9	185.1	230.0	-19.5
延庆区	53	39	35.9	2990	2990		24.3	42.9	-43.3
北京经济技术开发区	93	71	31.0	49879	19164	160.3	776.5	574.3	35.2

注：本表统计范围为施工总承包、专业承包建筑业企业。

3-32 续表1

单位：亿元

各　区	营业收入			利润总额			应交增值税		
	2022	2021	增长速度（%）	2022	2021	增长速度（%）	2022	2021	增长速度（%）
全　市	**18180.9**	**18167.9**	**0.1**	**996.8**	**1011.9**	**-1.5**	**227.4**	**208.5**	**9.1**
东 城 区	1209.0	1224.7	-1.3	89.4	80.2	11.4	16.8	11.6	44.6
西 城 区	956.2	957.1	-0.1	10.4	28.8	-64.0	13.8	12.8	7.3
朝 阳 区	2984.5	3054.7	-2.3	21.2	66.7	-68.1	46.3	38.6	19.9
丰 台 区	3728.2	3823.4	-2.5	331.8	257.8	28.7	43.3	35.3	22.6
石景山区	1323.8	1332.4	-0.6	35.0	19.9	76.0	7.7	9.6	-19.0
海 淀 区	2510.3	2548.7	-1.5	390.2	455.8	-14.4	24.9	22.9	8.5
门头沟区	405.6	404.4	0.3	2.3	2.5	-5.6	3.6	5.7	-36.5
房 山 区	216.5	230.5	-6.0	0.1	1.0	-87.3	5.0	4.9	1.5
通 州 区	2031.9	1762.3	15.3	66.9	54.8	22.0	17.2	23.7	-27.5
顺 义 区	609.9	607.1	0.5	16.0	14.0	14.3	14.5	12.6	15.5
昌 平 区	269.6	272.4	-1.0	4.3	-10.4		6.2	5.3	17.0
大 兴 区	436.1	412.1	5.8	0.6	5.3	-88.7	7.8	6.4	22.2
怀 柔 区	136.0	156.5	-13.1	3.1	1.3	148.3	3.0	2.6	13.0
平 谷 区	121.4	128.3	-5.4	1.6	3.6	-56.6	2.7	2.8	-4.6
密 云 区	186.9	192.1	-2.7	4.9	4.4	10.5	3.8	3.4	11.5
延 庆 区	44.5	49.6	-10.3	0.1	0.1	-17.6	1.1	1.1	7.7
北京经济技术开发区	1010.3	1011.6	-0.1	18.9	26.1	-27.7	9.7	9.1	7.1

3-32 续表2

单位：亿元

各区	资产总计			负债合计			所有者权益合计		
	2022	2021	增长速度(%)	2022	2021	增长速度(%)	2022	2021	增长速度(%)
全　市	**38542.0**	**35645.0**	**8.1**	**25386.6**	**23600.8**	**7.6**	**13155.4**	**12044.2**	**9.2**
东城区	3210.8	3105.2	3.4	1952.7	2036.2	-4.1	1258.0	1069.0	17.7
西城区	2096.1	2150.6	-2.5	1625.1	1685.3	-3.6	471.0	465.3	1.2
朝阳区	4776.3	4486.5	6.5	3808.3	3577.9	6.4	968.0	908.8	6.5
丰台区	8765.8	7895.6	11.0	5402.7	4765.8	13.4	3363.1	3129.8	7.5
石景山区	1865.6	1646.3	13.3	1516.8	1332.1	13.9	348.8	314.2	11.0
海淀区	10103.7	9695.0	4.2	5135.1	5063.3	1.4	4968.6	4631.7	7.3
门头沟区	501.8	457.5	9.7	420.1	378.0	11.2	81.7	79.5	2.8
房山区	675.8	579.7	16.6	562.4	466.8	20.5	113.4	112.9	0.4
通州区	2307.8	1909.0	20.9	1680.6	1399.6	20.1	627.2	509.5	23.1
顺义区	1003.4	890.6	12.7	766.8	673.6	13.8	236.6	217.0	9.0
昌平区	328.6	308.3	6.6	237.8	231.6	2.7	90.8	76.6	18.4
大兴区	549.4	489.1	12.3	417.0	373.4	11.7	132.4	115.7	14.4
怀柔区	248.8	254.6	-2.3	209.2	222.7	-6.1	39.5	31.9	23.9
平谷区	188.3	153.8	22.5	123.2	98.7	24.9	65.1	55.1	18.2
密云区	315.4	277.1	13.8	241.7	204.2	18.4	73.6	72.7	1.3
延庆区	103.1	92.4	11.6	85.6	74.9	14.3	17.5	17.6	-0.1
北京经济技术开发区	1501.3	1253.8	19.7	1201.3	1016.7	18.2	300.0	237.0	26.6

3-33 社会消费品零售总额（2022年）

单位：亿元

各　区	社会消费品零售总额	比2021年增长（%）
全　市	**13794.2**	**-7.2**
东城区	1227.9	-5.8
西城区	987.3	-9.4
朝阳区	3179.8	-10.5
丰台区	1328.8	-6.3
石景山区	393.0	-10.7
海淀区	2716.5	-7.0
门头沟区	108.8	-3.7
房山区	349.1	-6.6
通州区	539.6	-4.2
顺义区	576.7	-5.3
昌平区	683.6	-3.9
大兴区	640.1	-4.9
怀柔区	230.3	1.0
平谷区	154.8	-3.1
密云区	162.8	-3.9
延庆区	104.1	-4.5
北京经济技术开发区	410.7	-4.8

注：社会消费品零售总额按产业在地口径核算。

3-34 商品交易市场情况

各区	市场个数（个）		总摊位数（个）		出租摊位数（个）		营业面积（万平方米）		成交额（亿元）	
	2022	2021	2022	2021	2022	2021	2022	2021	2022	2021
全　市	**422**	**430**	**126837**	**129023**	**87727**	**92094**	**837.8**	**840.6**	**2891.2**	**3173.8**
东 城 区	18	18	10925	11171	7020	7516	30.9	31.2	14.5	17.1
西 城 区	15	16	2468	2602	2047	2186	8.1	8.7	9.0	12.6
朝 阳 区	75	81	26563	27230	20803	21465	179.6	182.4	322.0	391.3
丰 台 区	57	58	17977	17784	15112	15223	237.8	239.7	1716.1	1893.4
石景山区	12	11	1630	1453	1407	1241	13.7	11.3	9.5	1.7
海 淀 区	21	22	7806	8695	7305	7304	47.9	43.0	274.4	311.6
门头沟区	5	7	774	957	750	753	2.5	2.9	3.7	3.9
房 山 区	38	38	5384	5503	3597	3794	23.3	23.5	7.8	9.3
通 州 区	30	28	8868	8968	6130	6375	35.8	33.6	105.3	117.8
顺 义 区	43	43	11084	10883	6885	6970	81.7	80.7	255.3	263.2
昌 平 区	29	29	9130	9373	6814	7052	39.2	41.6	106.4	89.4
大 兴 区	14	14	2948	3091	1185	1493	22.2	21.4	8.9	1.5
怀 柔 区	11	11	3232	3233	2607	2589	12.4	12.4	20.5	21.0
平 谷 区	22	22	9939	9966	2364	3635	63.4	68.8	14.5	16.5
密 云 区	25	25	6586	6590	2479	3239	31.2	31.2	15.7	14.7
延 庆 区	4	4	938	939	847	895	4.5	4.5	7.2	8.2
北京经济技术开发区	3	3	585	585	375	364	3.6	3.6	0.6	0.5

3–35 实际利用外商直接投资额

单位：万美元

各　区	2022	2021
全　市	**1740768**	**1443424**
东 城 区	67273	62578
西 城 区	130443	31151
朝 阳 区	631112	477916
丰 台 区	17946	13393
石景山区	33567	23291
海 淀 区	637095	624338
门头沟区	2919	7613
房 山 区	3002	9702
通 州 区	8308	40685
顺 义 区	88049	72691
昌 平 区	36919	15028
大 兴 区	15194	11049
怀 柔 区	16426	7865
平 谷 区	8340	5080
密 云 区	3787	3665
延 庆 区	1173	939
北京经济技术开发区	39215	36440

资料来源：北京市商务局。

3–36　银行、保险系统机构人员情况（2022年）

各　区	合　计		总行、总公司		分行、分公司		支行、支公司	
	机　构（个）	从业人员（人）	机　构（个）	从业人员（人）	机　构（个）	从业人员（人）	机　构（个）	从业人员（人）
全　　市	**4438**	**369332**	**113**	**152758**	**197**	**55406**	**3289**	**110402**
东 城 区	321	33063	6	3592	23	10053	263	11424
西 城 区	469	114961	39	73791	44	22805	344	13189
朝 阳 区	1005	91292	33	31387	100	17616	722	24605
丰 台 区	344	15309	5	3770	10	2028	267	7166
石景山区	121	13191	6	8688	5	310	90	2934
海 淀 区	700	43506	6	19038	13	2006	569	18133
门头沟区	63	1234	1	32			46	984
房 山 区	150	5791	1	34			108	3782
通 州 区	214	8024	1	31	1	320	152	5202
顺 义 区	203	14796	5	9548			145	4200
昌 平 区	205	8694	3	2545			146	4910
大 兴 区	180	5514	2	78			143	4181
怀 柔 区	103	2498	1	46			59	1877
平 谷 区	108	4603	1	33			67	2825
密 云 区	107	3055	1	33			63	2154
延 庆 区	66	1749	2	112			37	1158
北京经济技术开发区	79	2052			1	268	68	1678

3-36 续表

各区	分理处		储蓄所		其他	
	机构（个）	从业人员（人）	机构（个）	从业人员（人）	机构（个）	从业人员（人）
全市	**630**	**6671**	**6**	**34**	**203**	**44061**
东城区	16	335	1	8	12	7651
西城区	24	485	1	9	17	4682
朝阳区	106	1631			44	16053
丰台区	53	606	1	3	8	1736
石景山区	14	120			6	1139
海淀区	93	1210	2	9	17	3110
门头沟区	12	84			4	134
房山区	31	209			10	1766
通州区	43	309			17	2162
顺义区	39	360			14	688
昌平区	43	344	1	5	12	890
大兴区	29	272			6	983
怀柔区	35	159			8	416
平谷区	31	152			9	1593
密云区	31	172			12	696
延庆区	20	117			7	362
北京经济技术开发区	10	106				

3-37 中资银行人民币存款余额（2022年）

单位：万元

各 区	各项存款	单位存款	个人存款	#储蓄存款	其他存款
全 市	**2054667787**	**1080055045**	**566975795**	**448387776**	**407636947**
东 城 区	249244846	148210238	46593178	36182283	54441429
西 城 区	632957054	322964802	72681915	56897597	237310337
朝 阳 区	350467644	165127353	120396024	92639454	64944266
丰 台 区	96764894	38462796	52298105	42724027	6003994
石景山区	28553486	10790510	14869538	11652078	2893438
海 淀 区	427477710	276901628	114130998	90428607	36445084
门头沟区	9358985	3294338	6045331	4590999	19316
房 山 区	22902915	7413279	15429629	12532384	60007
通 州 区	68762562	40975189	25528422	20970966	2258950
顺 义 区	33809121	13332121	19380394	15123707	1096606
昌 平 区	38788221	11176377	27085185	22257034	526659
大 兴 区	63917764	31169585	31693295	25316747	1054884
怀 柔 区	10170565	4274588	5858075	4780841	37902
平 谷 区	6833117	2069472	4731375	3879093	32270
密 云 区	8375922	1868557	6139160	4968486	368205
延 庆 区	6282982	2024211	4115172	3443472	143599

注：本表统计范围包括中国邮政储蓄银行北京分行、国有商业银行北京市分行、股份制商业银行在京营业机构、北京银行、北京农商银行。

资料来源：中国人民银行北京市分行。

3-38 中资银行人民币贷款余额（2022年）

单位：万元

各区	各项贷款	境内贷款	短期贷款	#个人消费贷款	中长期贷款	#个人消费贷款	其他贷款	境外贷款
全市	**909005294**	**907835661**	**277232924**	**31260404**	**583977600**	**129727491**	**46625137**	**1169633**
东城区	101271228	101206679	31655339	1376017	63635941	18158754	5915399	64549
西城区	332397253	331658009	105776454	7932625	195285913	27051748	30595642	739244
朝阳区	139097169	138977115	42402255	6611221	93060090	29450433	3514770	120053
丰台区	67595844	67571529	20844701	2643466	45162359	9579816	1564469	24314
石景山区	14796886	14786818	5374862	155753	9362884	1976399	49072	10068
海淀区	130584201	130424233	36757620	3333578	91299848	20984134	2366765	159968
门头沟区	3227967	3227740	1123149	33599	2098155	645136	6436	227
房山区	8109777	8108104	1976624	109903	6095624	1978345	35856	1673
通州区	25533816	25529472	6601396	953548	18383101	4678555	544975	4344
顺义区	22068803	22053084	10165301	5000326	11557330	3231586	330452	15719
昌平区	13491836	13484795	3528149	1303037	9797177	4768160	159468	7041
大兴区	36483781	36464022	7019138	1620868	27984320	4166769	1460563	19759
怀柔区	3687226	3685137	1185555	45886	2480879	663401	18703	2089
平谷区	2659102	2658518	725880	49612	1921902	868657	10737	584
密云区	5367188	5367188	1490727	55083	3828972	1158112	47489	
延庆区	2633218	2633218	605773	35882	2023104	367485	4340	

注：本表统计范围包括中国邮政储蓄银行北京分行、国有商业银行北京市分行、股份制商业银行在京营业机构、北京银行、北京农商银行。

资料来源：中国人民银行北京市分行。

3-39 规模以上文化产业法人单位基本情况（2022年）

各　　区	收入合计（亿元）	资产总计（亿元）	年末从业人员（万人）
全　　市	**18259.5**	**31153.3**	**61.2**
东 城 区	1138.6	2987.8	5.6
西 城 区	966.5	2433.1	6.9
朝 阳 区	3161.0	4825.2	16.0
丰 台 区	272.6	578.4	2.0
石景山区	1048.9	1594.1	2.6
海 淀 区	9966.4	15522.5	20.5
门头沟区	17.0	72.5	0.1
房 山 区	30.2	28.8	0.2
通 州 区	343.0	1484.0	2.0
顺 义 区	234.9	228.5	1.0
昌 平 区	113.2	133.1	0.8
大 兴 区	104.6	206.3	1.0
怀 柔 区	104.9	309.9	0.4
平 谷 区	93.0	84.2	0.4
密 云 区	68.4	111.1	0.4
延 庆 区	6.0	35.1	0.2
北京经济技术开发区	590.3	518.7	1.0

3-40 居民收支情况

单位：元

各　区	人均可支配收入			人均消费支出		
	2022	2021	名义增速（%）	2022	2021	名义增速（%）
全　市	**77415**	**75002**	**3.2**	**42683**	**43640**	**-2.2**
东 城 区	92040	89804	2.5	52078	51918	0.3
西 城 区	99276	96949	2.4	54809	57396	-4.5
朝 阳 区	86981	84770	2.6	45756	48922	-6.5
丰 台 区	74365	72170	3.0	44516	43334	2.7
石景山区	86994	84666	2.7	44837	44790	0.1
海 淀 区	96153	93478	2.9	56947	57482	-0.9
门头沟区	61323	59336	3.3	33854	35396	-4.4
房 山 区	49294	47594	3.6	28414	28108	1.1
通 州 区	51618	49695	3.9	33143	33413	-0.8
顺 义 区	47590	45548	4.5	28256	29035	-2.7
昌 平 区	58483	56075	4.3	37389	39183	-4.6
大 兴 区	55804	53454	4.4	33621	33663	-0.1
怀 柔 区	47150	45292	4.1	28823	29889	-3.6
平 谷 区	45320	43602	3.9	27074	27270	-0.7
密 云 区	44271	42634	3.8	26575	27288	-2.6
延 庆 区	41206	40148	2.6	25825	26574	-2.8

3-41 城镇居民收支情况

单位：元

各 区	人均可支配收入			人均消费支出		
	2022	2021	名义增速（%）	2022	2021	名义增速（%）
全 市	**84023**	**81518**	**3.1**	**45617**	**46776**	**-2.5**
东城区	92040	89804	2.5	52078	51918	0.3
西城区	99276	96949	2.4	54809	57396	-4.5
朝阳区	86981	84770	2.6	45756	48922	-6.5
丰台区	74365	72170	3.0	44516	43334	2.7
石景山区	86994	84666	2.7	44837	44790	0.1
海淀区	96153	93478	2.9	56947	57482	-0.9
门头沟区	65981	63940	3.2	35667	37504	-4.9
房山区	58251	56366	3.3	33019	32723	0.9
通州区	61841	59674	3.6	38068	38857	-2.0
顺义区	56811	54193	4.8	33977	35842	-5.2
昌平区	63702	61137	4.2	39532	41431	-4.6
大兴区	65913	63257	4.2	38361	38306	0.1
怀柔区	54668	52665	3.8	32966	34577	-4.7
平谷区	55801	53794	3.7	30500	31609	-3.5
密云区	54780	52875	3.6	31528	32665	-3.5
延庆区	55451	54214	2.3	32202	33016	-2.5

3–42 普通中学学校基本情况

单位：人

各　区	普通中学校数（所）		普通中学招生数		普通中学毕业生数	
	2022	2021	2022	2021	2022	2021
全　市	**684**	**667**	**195951**	**182694**	**153289**	**132933**
东城区	38	39	15971	14738	12545	10624
西城区	42	42	24603	21669	17409	14541
朝阳区	98	96	25572	23417	16949	14050
丰台区	49	46	10811	10441	8312	6920
石景山区	22	22	4629	4426	3759	3203
海淀区	87	87	43166	40334	35446	31063
门头沟区	17	17	2663	2685	2373	2167
房山区	52	50	9726	9382	8507	7819
通州区	48	46	12399	11254	9187	7850
顺义区	40	34	9640	9221	8863	7728
昌平区	58	58	9011	8460	7161	6309
大兴区	49	49	11320	10067	8046	7223
怀柔区	21	19	3790	3899	3114	2849
平谷区	20	19	4204	3995	3702	3399
密云区	24	24	5313	5490	5098	4607
延庆区	19	19	3133	3216	2818	2581

注：普通中学统计范围为普通高中和普通初中。

资料来源：北京市教育委员会。

3-42 续表

单位：人

各区	普通中学在校生数		普通中学教职工数		普通中学专任教师数	
	2022	2021	2022	2021	2022	2021
全市	**554748**	**525706**	**99779**	**96583**	**79839**	**76803**
东城区	44833	42374	6753	6718	5967	5851
西城区	66557	60268	8698	8351	7110	6739
朝阳区	70408	65813	16280	15605	13836	13303
丰台区	31407	29829	5797	5765	4966	4929
石景山区	13522	12933	3107	2967	2388	2342
海淀区	123110	117554	19147	18023	14735	13695
门头沟区	7929	7724	1372	1327	1063	1019
房山区	29106	28444	4614	4535	3857	3746
通州区	34241	31873	5730	5327	4673	4270
顺义区	27473	27361	5872	5534	4092	4007
昌平区	25392	24149	6689	6762	5076	5050
大兴区	31064	28330	6500	6186	5380	5088
怀柔区	11428	11099	2301	2399	1742	1791
平谷区	12322	11994	2402	2666	1585	1700
密云区	16280	16439	2493	2497	2014	1996
延庆区	9676	9522	2024	1921	1355	1277

3-43 小学教育基本情况

单位：人

各区	小学校数（所）		小学招生数		小学毕业生数	
	2022	2021	2022	2021	2022	2021
全 市	**719**	**837**	**189935**	**186440**	**133331**	**134051**
东城区	45	47	12165	12829	9266	9379
西城区	58	58	20420	21357	13427	12880
朝阳区	70	74	27675	28970	20173	19988
丰台区	70	70	12067	11146	8569	8969
石景山区	24	25	4556	4548	3270	3494
海淀区	90	89	33202	34066	26276	26606
门头沟区	21	21	2655	2465	1753	1918
房山区	51	53	10958	10150	7470	7515
通州区	44	81	14743	13650	9204	9288
顺义区	51	51	10528	9630	7051	6841
昌平区	53	91	12388	11842	7947	7456
大兴区	47	80	14649	13252	8586	8459
怀柔区	19	18	3185	2937	2487	2745
平谷区	29	29	3998	3545	2776	2912
密云区	26	26	4209	3927	3270	3537
延庆区	21	24	2537	2126	1806	2064

资料来源：北京市教育委员会。

3-43 续表

单位：人

各区	小学在校生数		小学教职工数		小学专任教师数	
	2022	2021	2022	2021	2022	2021
全市	**1083813**	**1036584**	**66748**	**65269**	**60484**	**59013**
东城区	72695	69354	5789	5700	5422	5302
西城区	115516	108159	7549	7152	7023	6660
朝阳区	167938	162918	6853	7111	6492	6638
丰台区	68750	67020	4698	4723	4424	4415
石景山区	25839	24855	1326	1358	1191	1208
海淀区	193778	186638	10652	10000	9680	9139
门头沟区	14895	14161	1650	1227	1367	1010
房山区	61746	59303	3869	3870	3550	3514
通州区	81793	77728	4814	4881	4493	4577
顺义区	58372	55541	3934	3934	3305	3323
昌平区	67325	63471	4086	4075	3717	3677
大兴区	77750	73101	4012	3965	3601	3551
怀柔区	18114	17557	1708	1588	1440	1309
平谷区	21680	20594	2284	2207	1947	1863
密云区	23785	23008	2055	2033	1715	1673
延庆区	13837	13176	1469	1445	1117	1154

3-44 幼儿教育情况

单位：人

各区	幼儿园数（所）		在园幼儿数		幼儿园专任教师数	
	2022	2021	2022	2021	2022	2021
全市	**1989**	**2000**	**574235**	**566735**	**48774**	**47973**
东城区	71	68	19455	19790	2382	2401
西城区	84	88	25168	25061	2881	2772
朝阳区	310	309	96096	96383	8441	8538
丰台区	147	144	45939	45752	3765	3631
石景山区	50	48	16523	17158	1378	1376
海淀区	225	223	80528	78210	6608	6341
门头沟区	24	42	10962	10755	650	1007
房山区	137	135	35221	35580	3029	2995
通州区	245	248	58926	57823	4889	4714
顺义区	115	112	34875	34870	2449	2309
昌平区	165	162	47016	46533	3404	3348
大兴区	125	116	50420	46399	3735	3486
怀柔区	84	81	11712	11931	1407	1295
平谷区	97	94	16323	16043	1404	1334
密云区	80	80	15532	15436	1481	1460
延庆区	30	50	9539	9011	871	966

数据来源：北京市教育委员会。

3-45　公共图书馆情况

各　区	个数（个）		总藏数（万册、万件）		总流通人次（万人次）		书刊文献外借册次（万册次）	
	2022	2021	2022	2021	2022	2021	2022	2021
全　市	**21**	**21**	**7819**	**7548**	**854**	**892**	**610**	**665**
东 城 区	1	1	170	167	24	43	17	36
西 城 区	2	2	229	220	110	91	95	90
朝 阳 区	3	3	1320	1309	177	261	92	129
丰 台 区	1	1	114	106	21	22	7	5
石景山区	1	1	123	118	17	25	85	10
海 淀 区	2	2	4583	4471	227	222	81	92
门头沟区	1	1	133	132	0.3	1	2	2
房 山 区	2	2	169	166	39	42	26	29
通 州 区	1	1	93	89	34	39	31	39
顺 义 区	1	1	191	176	75	38	53	35
昌 平 区	1	1	110	85	22	21	15	14
大 兴 区	1	1	117	111	26	34	38	52
怀 柔 区	1	1	117	95	16	5	18	13
平 谷 区	1	1	141	133	21	12	33	25
密 云 区	1	1	112	107	18	20	9	83
延 庆 区	1	1	97	63	29	16	9	11

资料来源：北京市文化和旅游局、国家图书馆。

3-46 文物局系统内博物馆情况

各 区	个数（个）		文物藏品数（件）		#一级品	
	2022	2021	2022	2021	2022	2021
全 市	**33**	**45**	**1232103**	**1252042**	**717**	**712**
东 城 区	4	7	2346	4522	20	30
西 城 区	7	9	1012414	1018774	403	397
朝 阳 区	2	2	56882	88488	15	15
丰 台 区	1	2	1870	1616	4	4
石景山区	1	2	666	706		
海 淀 区	5	6	128800	105804	56	53
门头沟区	1	1	3686	3686		
房 山 区	1	2	7449	7723	15	15
通 州 区	1	1	3699	3695		
顺 义 区	2	2	330	148		
昌 平 区	3	4	2831	2831	197	197
大 兴 区						
怀 柔 区	1	1	1492	1487		
平 谷 区		2		9246		
密 云 区	1	1	814	814		
延 庆 区	3	3	8824	2502	7	1

资料来源：北京市文物局。

3-46 续表

各 区	参观人次（千人次）		本年收入（万元）	
	2022	2021	2022	2021
全 市	**2280**	**4688**	**115186**	**111951**
东城区	397	714	15552	12665
西城区	608	1322	46038	32187
朝阳区	48	263	12011	12420
丰台区	11	18	10178	2932
石景山区	24	97	398	1702
海淀区	431	401	13274	11421
门头沟区	10	15	790	788
房山区	134	288	7649	6487
通州区	20	25	591	589
顺义区	129	25	1153	686
昌平区	442	1375		25498
大兴区				
怀柔区	2	7	523	565
平谷区		3		1340
密云区	2	3	201	170
延庆区	22	132	6828	2501

3-47 档案事业情况

各 区	档案馆个数（个）		建筑面积（平方米）		本年利用档案人次（人次）		本年利用现行文件和资料人次（人次）	
	2022	2021	2022	2021	2022	2021	2022	2021
全 市	**18**	**18**	**227658**	**210076**	**101320**	**138302**	**437**	**423**
东城区	1	1	12912	4915	11300	14066		
西城区	2	2	14962	14962	7237	16732	19	12
朝阳区	2	2	117868	117868	10849	14846	84	129
丰台区	1	1	2004	2004	1433	2046	2	
石景山区	1	1	3572	3572	1341	1977	6	5
海淀区	1	1	27956	27956	11445	15951	60	100
门头沟区	1	1	4651	4651	2813	4416	6	4
房山区	1	1	14316	4731	3751	4901		
通州区	1	1	2652	2651	2916	5427	2	17
顺义区	1	1	6750	6750	1966	3777		
昌平区	1	1	3800	3800	4642	7973		
大兴区	1	1	1968	1968	5942	8509		
怀柔区	1	1	2448	2448	13600	10160	122	22
平谷区	1	1	786	786	13659	14183	75	76
密云区	1	1	4636	4636	5286	8592	30	38
延庆区	1	1	6378	6378	3140	4746	31	20

注：本年利用档案、现行文件和资料人次数量，包括利用纸质和电子两种之和。
资料来源：中共北京市委办公厅（北京市档案局）。

3-48 规模以上工业与信息传输、软件和信息技术服务业企业研究与试验发展（R&D）情况

单位：万元

各区	工业企业研究与试验发展（R&D）经费		信息传输、软件和信息技术服务业研究与试验发展（R&D）经费	
	2022	2021	2022	2021
全市	**3489972.6**	**3135143.6**	**6067298.7**	**6115927.3**
东城区	23352.7	24076.4	78867.5	95933.2
西城区	58408.4	41359.9	253040.4	80117.9
朝阳区	209109.4	110219.0	425836.1	583074.6
丰台区	82643.7	52302.0	97788.5	61551.6
石景山区	30563.2	29190.9	37573.2	15902.7
海淀区	932958.9	732183.0	4900934.6	5129329.3
门头沟区	21054.0	26838.6	50.6	195.8
房山区	55078.4	37204.4	1630.5	
通州区	148827.5	139785.5	2361.0	4636.3
顺义区	185878.2	148673.7	19387.0	10944.7
昌平区	330536.6	273966.2	64929.0	70741.0
大兴区	260287.1	105620.5	6642.1	6078.8
怀柔区	89923.9	56914.0	2595.5	2021.4
平谷区	36163.4	25796.9	1658.8	
密云区	27069.0	49289.0	16392.3	11596.8
延庆区	26899.2	23117.0		
北京经济技术开发区	971219.0	1258606.6	157611.6	43803.2

3-48 续表

单位：人

各区	工业企业研究与试验发展（R&D）人员数		信息传输、软件和信息技术服务业研究与试验发展（R&D）人员数	
	2022	2021	2022	2021
全市	**79152**	**61490**	**78603**	**85919**
东城区	510	560	1630	1461
西城区	1332	1081	4499	2272
朝阳区	6172	2922	8189	10578
丰台区	2946	2073	1868	1005
石景山区	926	611	969	376
海淀区	19247	15146	55634	66541
门头沟区	695	959	3	4
房山区	2239	1383	74	
通州区	4351	3655	204	137
顺义区	5969	4808	580	284
昌平区	9318	7110	1654	1936
大兴区	4148	3070	163	162
怀柔区	2406	1492	46	34
平谷区	1542	1139	57	
密云区	1122	2007	308	117
延庆区	516	524		
北京经济技术开发区	15713	12950	2725	1012

3-49 技术市场合同成交情况

各 区	合同数（项）		技术合同成交总额（万元）	
	2022	2021	2022	2021
全 市	**95061**	**93563**	**79475111**	**70056517**
东城区	2665	3846	8577795	3179611
西城区	8634	5608	3223569	1234894
朝阳区	9321	8660	13573580	14023896
丰台区	2297	3126	3159924	8194221
石景山区	1773	2262	2077470	1239981
海淀区	61604	61323	33803840	29208303
门头沟区	153	175	246987	353031
房山区	483	408	173737	139384
通州区	946	1323	5021795	4763610
顺义区	885	872	947148	828847
昌平区	2390	2222	3625857	1801963
大兴区	3004	2843	4720779	4642148
怀柔区	386	524	65509	203391
平谷区	330	149	28262	26211
密云区	124	151	60642	160102
延庆区	66	71	168218	56924

资料来源：北京技术市场管理办公室。

3-50 专利授权情况

单位：件

各区	专利授权量		#发明专利	
	2022	2021	2022	2021
全市	**202722**	**198778**	**88127**	**79210**
东城区	8220	9283	4142	3553
西城区	13963	13448	6293	5527
朝阳区	32214	32915	14735	14490
丰台区	16756	14502	4439	3509
石景山区	5384	4682	2214	1807
海淀区	73036	71703	43456	40455
门头沟区	1641	1767	273	249
房山区	3669	3888	801	702
通州区	6948	7965	926	628
顺义区	7326	7528	1261	1061
昌平区	10606	9933	3737	3019
大兴区	16632	15054	4759	3347
怀柔区	2302	2221	614	471
平谷区	1564	1441	188	121
密云区	1857	1744	157	169
延庆区	604	687	132	85
其他		17		17

资料来源：北京市知识产权局。

3-51 医疗卫生机构数（2022年）

单位：个

各区	医疗卫生机构	#医院	#社区卫生服务中心（站）	#门诊部	#妇幼保健院（所、站）	#疾病预防控制中心（防疫站）	#专科疾病防治院（所、站）	#诊所、卫生所、医务室、护理站
全市	**12211**	**741**	**2123**	**1568**	**18**	**27**	**21**	**4565**
东城区	544	57	65	85	1	2	2	307
西城区	705	46	99	67	1	8	4	452
朝阳区	1910	163	280	493	2	2	1	928
丰台区	563	81	178	136	1	1	1	127
石景山区	226	25	50	15	1	1	1	124
海淀区	1394	100	242	396	1	1	3	617
门头沟区	272	11	41	13	1	1	1	51
房山区	1055	36	226	31	2	2	2	231
通州区	626	21	90	51	1	1	1	93
顺义区	922	23	202	40	1	1		363
昌平区	1208	89	152	118	1	2	1	578
大兴区	932	37	145	99	1	1		317
怀柔区	485	13	68	6	1	1	1	128
平谷区	390	7	149	9	1	1	1	72
密云区	607	14	58	1	1	1	1	117
延庆区	359	5	78	8	1	1	1	60

注：本表全市数据包含驻京部队医院，分区数据不包含驻京部队医院，故分区数据之和不等于全市。
资料来源：北京市卫生健康委员会。

3-52 医疗卫生机构人员及卫生条件

单位：人

各 区	医疗卫生机构人员		#卫生技术人员		#执业（助理）医师		#注册护士	
	2022	2021	2022	2021	2022	2021	2022	2021
全 市	**395381**	**389779**	**322187**	**317659**	**124916**	**123503**	**142711**	**141685**
东城区	35794	35216	27807	27176	11086	10789	11503	11349
西城区	49236	48493	41602	40789	14707	14476	18878	18357
朝阳区	77215	76706	60908	60524	24418	24359	27074	26858
丰台区	32223	31956	26253	25924	10177	9976	11112	11202
石景山区	11117	10969	8929	8739	3381	3288	3912	3915
海淀区	50448	49207	40977	40135	15621	15519	18264	17810
门头沟区	5080	5028	4073	4022	1442	1455	1786	1708
房山区	15202	15478	11701	11493	4566	4489	4794	4741
通州区	13634	13394	11139	10846	4326	4203	4401	4359
顺义区	13384	12262	10188	9688	4334	4207	3813	3689
昌平区	25150	24653	20130	19611	7753	7437	8608	8626
大兴区	19597	18568	15257	14505	5746	5493	6101	5924
怀柔区	5786	5626	4585	4452	1884	1790	1651	1611
平谷区	5398	5123	4502	4376	1880	1839	1663	1654
密云区	5446	5150	4316	4099	2129	2058	1371	1273
延庆区	3882	3606	3031	2936	1318	1287	1139	1103

注：本表全市数据除床位数外均包含驻京部队医院情况，分区数据均不包含驻京部队医院，故分区数据之和不等于全市。
资料来源：北京市卫生健康委员会。

3-52 续表

各区	医疗机构实有床位数（张）		#医院		每千常住人口执业（助理）医师数（人）		每千常住人口注册护士数（人）		每千常住人口医院床位数（张）	
	2022	2021	2022	2021	2022	2021	2022	2021	2022	2021
全市	**133932**	**130259**	**126309**	**122287**	**5.72**	**5.64**	**6.53**	**6.47**	**5.78**	**5.59**
东城区	10027	10008	9929	9884	15.75	15.24	16.34	16.03	14.10	13.96
西城区	18633	17623	18579	17569	13.37	13.11	17.16	16.63	16.89	15.91
朝阳区	26401	25350	25274	24146	7.09	7.06	7.87	7.79	7.34	7.00
丰台区	13677	13168	13148	12709	5.06	4.95	5.52	5.56	6.53	6.31
石景山区	5054	4820	4994	4760	6.01	5.81	6.95	6.92	8.87	8.41
海淀区	14345	13761	13560	12944	5.00	4.96	5.85	5.69	4.34	4.14
门头沟区	2990	3082	2586	2587	3.64	3.67	4.51	4.31	6.53	6.53
房山区	6112	6456	5307	5622	3.48	3.42	3.66	3.61	4.05	4.28
通州区	4483	4425	3854	3705	2.35	2.28	2.39	2.37	2.09	2.01
顺义区	4461	4317	3407	3273	3.27	3.17	2.88	2.78	2.57	2.47
昌平区	12259	12247	12032	11942	3.42	3.28	3.80	3.80	5.31	5.26
大兴区	8256	7854	7490	7088	2.89	2.75	3.06	2.97	3.76	3.55
怀柔区	2092	2017	1810	1735	4.29	4.06	3.76	3.65	4.12	3.93
平谷区	2090	2077	1799	1781	4.12	4.02	3.65	3.62	3.95	3.90
密云区	1872	1874	1595	1597	4.05	3.91	2.61	2.42	3.03	3.03
延庆区	1180	1180	945	945	3.83	3.72	3.31	3.19	2.75	2.73

3-53 医院工作情况

各 区	诊疗人次数（千人次）		#门 诊		健康检查人次（千人次）	
	2022	2021	2022	2021	2022	2021
全 市	**148549.9**	**157927.5**	**125972.4**	**132224.3**	**3895.8**	**4645.0**
东城区	16503.4	17610.7	15601.9	16687.5	249.3	342.7
西城区	23267.8	24641.6	21611.4	23067.1	227.7	343.5
朝阳区	24829.3	25221.5	22791.5	23237.0	610.5	897.6
丰台区	11578.4	12281.6	10739.1	11419.2	608.8	498.0
石景山区	3792.2	4088.2	3548.1	3847.9	182.9	203.5
海淀区	19441.0	20218.1	18310.4	19091.9	850.2	783.5
门头沟区	2837.9	2816.8	2666.3	2670.7	89.9	76.4
房山区	5745.8	6115.1	5158.8	5573.2	128.0	177.4
通州区	4645.5	4885.5	4179.9	4421.5	70.0	82.1
顺义区	3604.1	3794.0	3214.2	3420.4	245.5	460.5
昌平区	7833.7	7875.3	7002.3	7038.5	253.4	341.6
大兴区	4925.5	4780.6	4544.4	4405.7	137.8	155.2
怀柔区	1870.8	2162.2	1646.7	1952.3	107.4	117.7
平谷区	1987.0	1948.2	1726.9	1710.2	45.7	57.5
密云区	2351.7	2550.6	2041.0	2227.2	63.8	65.3
延庆区	1307.1	1549.7	1189.3	1453.9	24.8	42.6

注：本表全市数据包含驻京部队医院情况，分区数据不包含驻京部队医院，故分区数据之和不等于全市。
资料来源：北京市卫生健康委员会。

3-53 续表

各 区	平均开放病床数（张）		入院人数（千人次）	
	2022	2021	2022	2021
全 市	**121156**	**117584**	**3284.6**	**3402.1**
东城区	9598	9398	406.7	415.2
西城区	18038	17015	638.5	657.7
朝阳区	24105	23385	658.0	722.6
丰台区	12447	12186	284.0	280.9
石景山区	4755	4575	94.7	100.1
海淀区	12694	12268	466.0	490.3
门头沟区	2559	2569	48.2	48.4
房山区	5371	5519	104.2	115.9
通州区	3777	3525	105.9	103.5
顺义区	3371	3124	59.1	55.5
昌平区	11455	11250	152.6	148.7
大兴区	6999	6849	140.2	134.5
怀柔区	1705	1711	30.5	32.3
平谷区	1767	1715	38.5	39.4
密云区	1592	1586	37.3	37.0
延庆区	920	910	20.3	20.1

3–54 社区卫生服务机构情况（2022年）

各　区	社区卫生服务机构卫生技术人员数（人）	#全科医生	#社区护士	总诊疗人次数（千人次）	#门　诊	#急　诊
全　市	**35885**	**6262**	**11623**	**64493.7**	**63517.2**	**288.8**
东城区	1307	390	516	2337.4	2329.9	
西城区	1891	323	686	2863.3	2846.3	
朝阳区	5885	595	1973	12680.2	12446.6	96.3
丰台区	3768	513	1182	8802.8	8795.8	0.2
石景山区	952	147	368	2581.9	2579.4	
海淀区	4904	654	1703	8194.6	7884.0	75.1
门头沟区	679	121	233	1160.3	1153.6	0.8
房山区	2197	388	644	4285.3	4235.3	12.6
通州区	2896	540	879	4590.9	4589.3	
顺义区	2243	511	664	3021.2	2817.0	11.5
昌平区	1908	473	722	3333.1	3324.8	7.1
大兴区	2939	428	1003	3756.0	3729.0	26.5
怀柔区	982	292	262	1630.5	1599.5	5.2
平谷区	1133	337	185	1682.8	1682.6	
密云区	1295	284	369	2179.3	2135.2	42.4
延庆区	906	266	234	1394.1	1368.9	11.0

资料来源：北京市卫生健康委员会。

3-55 社会组织情况

单位：个

各 区	2022	2021
全 市	**12654**	**12893**
市本级	**4449**	**4447**
东城区	550	626
西城区	553	566
朝阳区	1013	1056
丰台区	490	480
石景山区	331	334
海淀区	861	921
门头沟区	174	176
房山区	565	555
通州区	534	518
顺义区	419	417
昌平区	516	564
大兴区	653	667
怀柔区	468	479
平谷区	420	432
密云区	393	383
延庆区	265	272

注：社会组织包含社会团体、民办非企业单位、基金会。
资料来源：中共北京市委社会工作委员会北京市民政局。

3-56 体育场地情况（2013年）

单位：个

各　区	体育场地数	#体育场	#体育馆	#游泳场馆	#各种训练房
全　市	**20075**	**131**	**70**	**590**	**2836**
东城区	698	3	2	57	197
西城区	1058	7	4	47	170
朝阳区	2600	9	7	188	408
丰台区	1275	4	3	31	192
石景山区	213	2	5	12	27
海淀区	2399	36	22	59	170
门头沟区	464		1	3	63
房山区	1545	9	4	11	86
通州区	950	14	5	18	53
顺义区	2285	10	5	51	567
昌平区	2143	10	5	72	465
大兴区	1449	20		24	179
怀柔区	757	2	1	6	90
平谷区	794	1	1	3	96
密云区	770	1	4	3	42
延庆区	675	3	1	5	31

注：本表数据为第六次全国体育场地普查数据（时点为2013年12月31日）。自2013年起，体育场地数据不再按年度进行统计，数据将于第七次体育场地普查结束后更新。

资料来源：北京市体育局。

3-57 北京地区社会保险情况（2022年）

单位：人

各区	参加企业职工基本养老保险人数	#参加企业职工基本养老保险职工人数	参加职工基本医疗保险人数	#参加职工基本医疗保险职工人数	参加失业保险人数
全市	**17647413**	**14754525**	**14993630**	**11659431**	**13914474**
东城区	1585878	1274636	1270839	874444	1196429
西城区	1957727	1517084	1686349	1141320	1451128
朝阳区	3909155	3374358	3088343	2489060	3080449
丰台区	1159508	854528	1105287	754874	817271
石景山区	494977	357021	456204	303448	340798
海淀区	3279859	2885324	2772866	2288283	2765616
门头沟区	267613	204570	244561	175073	194886
房山区	470237	360991	492887	367964	379824
通州区	683061	580143	670206	550061	566217
顺义区	757147	674547	632824	536668	623452
昌平区	612247	520061	605071	494838	497493
大兴区	621747	542038	542785	445429	500299
怀柔区	264217	234815	256673	217935	226595
平谷区	252581	212326	244014	193494	203922
密云区	253408	216012	255560	206399	210810
延庆区	115785	91552	138583	105010	98486
北京经济技术开发区	576322	563340	530578	515131	522618
其他	385944	291179			238181

注：表中“其他”指社会保险代办机构。

资料来源：北京市人力资源和社会保障局、北京市医疗保障局。

3-58 提供住宿机构、社区服务情况（2022年）

各　区	提供住宿机构数（个）	提供住宿机构床位数（张）	社区服务机构数（个）	#社区服务中心数
全　市	**617**	**115356**	**10062**	**131**
市本级	**17**	**7809**	**1**	
东城区	18	943	327	17
西城区	41	3997	469	15
朝阳区	80	14004	919	
丰台区	53	10582	651	18
石景山区	16	3517	253	9
海淀区	59	11047	927	23
门头沟区	12	1727	357	5
房山区	58	9343	867	1
通州区	24	8849	814	
顺义区	23	4009	781	25
昌平区	51	15100	685	8
大兴区	51	9998	897	
怀柔区	22	2165	501	
平谷区	38	4708	396	6
密云区	33	4679	604	2
延庆区	21	2879	613	2

资料来源：中共北京市委社会工作委员会北京市民政局。

3-59 社会救助对象情况（2022年）

单位：人

各　区	社会救助对象总人数	城市居民最低生活保障人数	农村居民最低生活保障人数	农村特困供养人数	#农村特困集中供养人数	城市特困供养人数	#城市特困集中供养人数
全　市	**113169**	**69899**	**36696**	**5140**	**1611**	**1434**	**759**
东城区	10119	9821				298	133
西城区	13997	13848				149	107
朝阳区	11383	11099	224	8	8	52	47
丰台区	9185	8944	102	16	15	123	71
石景山区	7252	7146				106	52
海淀区	5545	5340	12	23	23	170	86
门头沟区	7528	5335	1726	330	70	137	43
房山区	6341	1644	4058	576	194	63	31
通州区	5472	1561	3438	386	120	87	44
顺义区	4049	547	3224	214	94	64	49
昌平区	2658	783	1766	83	58	26	18
大兴区	2205	861	1190	105	65	49	37
怀柔区	4828	584	2991	1202	214	51	10
平谷区	5173	647	4243	270	156	13	7
密云区	13443	1345	11084	981	473	33	18
延庆区	3991	394	2638	946	121	13	6

资料来源：中共北京市委社会工作委员会北京市民政局。

3-60 婚姻登记情况

各 区	登记结婚人数（人）		初婚人数（人）		再婚人数（人）		#女 性		离婚登记对数（对）	
	2022	2021	2022	2021	2022	2021	2022	2021	2022	2021
全 市	**182600**	**206720**	**118125**	**136303**	**64475**	**70417**	**31161**	**34428**	**36858**	**44582**
东 城 区	15006	16580	10604	10869	4402	5711	2028	2701	2573	3166
西 城 区	22920	24046	15917	22706	7003	1340	3306	670	3903	4719
朝 阳 区	23414	30920	15268	18968	8146	11952	3850	5640	4905	6694
丰 台 区	14690	14834	9682	8684	5008	6150	2367	2993	3039	3355
石景山区	7190	6878	4186	6434	3004	444	1431	222	1500	1626
海 淀 区	31860	38974	22593	26329	9267	12645	4409	6043	5565	7459
门头沟区	3694	3446	2201	1772	1493	1674	730	829	726	760
房 山 区	9882	11284	5752	5943	4130	5341	2084	2715	2154	2450
通 州 区	10332	11378	6224	6240	4108	5138	2007	2532	2296	2573
顺 义 区	9012	9138	5307	4834	3705	4304	1845	2138	2087	2283
昌 平 区	8698	9036	5191	4845	3507	4191	1709	2055	1848	2168
大 兴 区	9190	10928	5401	8508	3789	2420	1865	1203	2177	2605
怀 柔 区	3756	3958	2356	2289	1400	1669	707	842	700	834
平 谷 区	4750	5542	2739	2874	2011	2668	1023	1385	1324	1438
密 云 区	4992	6244	2755	3013	2237	3231	1141	1649	1418	1719
延 庆 区	3214	3534	1949	1995	1265	1539	659	811	643	733

注：离婚登记对数不含法院调离或判离数。

资料来源：中共北京市委社会工作委员会北京市民政局。

3-61 基层法律服务所主要工作情况

各 区	担任法律顾问（家）		代理诉讼事务（件）		代理非诉讼事务（件）		解答法律询问（人次）	
	2022	2021	2022	2021	2022	2021	2022	2021
全 市	**226**	**159**	**5018**	**5351**	**326**	**224**	**4588**	**12645**
东城区	13	16	112	59	92	36	36	586
西城区	19	20	71	134	75	18	472	2057
朝阳区	31	31	61	65	21	22	53	45
丰台区			826	170				836
石景山区	1	1	15	28	6	5	29	27
海淀区	27	23	347	282	65	21	946	729
门头沟区	2	2	52	88			23	
房山区	24	23	333	280	13	12	500	535
通州区	78	16	500	459				
顺义区	3	2	76	60	1	2	217	183
昌平区	12	10	116	133	7	1	151	85
大兴区	1	2	37	40		32	409	411
怀柔区			326	375			425	654
平谷区	15	13	153	168	16	23	212	301
密云区								
延庆区			1993	3010	30	52	1115	6196

资料来源：北京市司法局。

3-62 公证处总办证量情况（2022年）

单位：件

各　区	总办证量	国内公证业务	涉外公证业务	涉港澳公证业务	涉台公证业务
全　市	**526650**	**351612**	**170462**	**2731**	**1845**
东城区	252367	153306	95521	1695	1845
西城区	136495	115595	20458	442	
朝阳区	12737	7467	5181	89	
丰台区	7562	4852	2656	54	
石景山区	7675	3951	3724		
海淀区	74514	39818	34342	354	
门头沟区	1274	1052	222		
房山区	5588	4456	1113	19	
通州区	10971	8078	2844	49	
顺义区	3990	2933	1033	24	
昌平区	1263	730	530	3	
大兴区	7059	4981	2078		
怀柔区	2212	1877	333	2	
平谷区	2115	1844	271		
密云区	828	672	156		
延庆区					

资料来源：北京市司法局。

3-63 公安机关刑事案件立案情况

单位：起

各 区	刑事案件立案数	
	2022	2021
全 市	**116575**	**144711**
东 城 区	3925	5360
西 城 区	5353	5953
朝 阳 区	24511	31877
丰 台 区	12091	14742
石景山区	2544	2879
海 淀 区	13088	15658
门头沟区	1129	1584
房 山 区	6265	6867
通 州 区	10047	11667
顺 义 区	7997	9955
昌 平 区	12329	15051
大 兴 区	9153	11502
怀 柔 区	1418	1380
平 谷 区	1628	2066
密 云 区	1532	1862
延 庆 区	988	1098
其 他	2577	5210

资料来源：北京市公安局。

3-64 火灾事故情况

各 区	火灾事故起数（起）			火灾事故死亡人数（人）			火灾事故直接经济损失（万元）		
	2022	2021	2020	2022	2021	2020	2022	2021	2020
全 市	**6846**	**7490**	**7109**	**62**	**59**	**43**	**8290.7**	**10417.4**	**5268.2**
东城区	189	230	242	3	2	2	389.5	192.6	105.6
西城区	255	228	263	2	4	3	324.3	714.5	167.7
朝阳区	1252	1286	1098	11	3	6	726.9	643.6	207.1
丰台区	612	788	616	3	9	7	645.0	2181.3	79.2
石景山区	122	167	188			2	138.9	135.1	68.3
海淀区	609	831	702	3	6	6	555.5	451.9	403.8
门头沟区	116	122	105	2	1		42.2	96.4	66.9
房山区	487	487	532	6	6	1	1969.9	807.4	362.6
通州区	623	654	663	4	13	3	180.6	748.4	135.8
顺义区	380	415	400	6	2	3	199.7	284.9	112.9
昌平区	674	711	732	14	2	3	814.0	1074.2	1032.2
大兴区	555	632	662	3	4	3	1388.3	1149.9	2042.7
怀柔区	142	160	180	3	2	1	186.8	415.8	137.4
平谷区	317	259	249	1	2		233.9	177.0	179.3
密云区	300	264	291	1	3	1	232.2	119.5	46.4
延庆区	179	215	146			2	215.5	216.1	107.4
其 他	34	41	40				47.5	1008.7	13.0

资料来源：北京市消防救援总队。

3-65 交通事故情况（2022年）

各 区	交通事故起数（起）	交通事故死亡人数（人）	交通事故直接经济损失（万元）
全 市	**5249**	**1052**	**3171.6**
东城区	157	14	40.5
西城区	164	17	118.1
朝阳区	650	121	198.5
丰台区	465	63	272.1
石景山区	107	14	230.0
海淀区	493	57	419.2
门头沟区	70	20	33.9
房山区	472	93	107.4
通州区	609	138	528.0
顺义区	440	131	379.9
昌平区	530	90	275.3
大兴区	449	114	148.6
怀柔区	147	45	58.6
平谷区	115	46	85.4
密云区	210	62	204.7
延庆区	73	20	43.3
其 他	98	7	28.3

资料来源：北京市公安局公安交通管理局。

3-66 工矿商贸生产安全事故情况（2022年）

各　区	工矿商贸生产安全事故起数（起）	工矿商贸生产安全事故死亡人数（人）
全　市	**66**	**69**
东 城 区	1	1
西 城 区	1	1
朝 阳 区	7	8
丰 台 区	6	6
石景山区	1	1
海 淀 区	11	11
门头沟区	5	5
房 山 区	6	6
通 州 区	4	5
顺 义 区		
昌 平 区	5	5
大 兴 区	9	10
怀 柔 区	1	1
平 谷 区	3	3
密 云 区	3	3
延 庆 区	1	1
北京经济技术开发区	2	2

资料来源：北京市应急管理局。

3-67 污水处理情况（2022年）

各　区	污水处理厂（站）数（座）	污水排放量（万立方米）	污水处理量（万立方米）
全　市	**1294**	**228913**	**222087**
城六区	**54**	**146734**	**146293**
门头沟区	151	2373	2192
房山区	146	10171	9234
通州区	129	15570	14208
顺义区	114	11900	10782
昌平区	115	13783	12910
大兴区	28	10671	9698
怀柔区	140	3527	3269
平谷区	98	3155	2920
密云区	230	2707	2390
延庆区	85	2048	1915
北京经济技术开发区	4	6275	6275

资料来源：北京市水务局。

3-68　空气质量基本情况（2022年）

各　区	二氧化硫（SO_2）年平均浓度值（微克/立方米）	二氧化氮（NO_2）年平均浓度值（微克/立方米）	可吸入颗粒物（PM_{10}）年平均浓度值（微克/立方米）	细颗粒物（$PM_{2.5}$）年平均浓度值（微克/立方米）
全　市	**3**	**23**	**54**	**30**
东 城 区	3	25	56	31
西 城 区	3	28	56	32
朝 阳 区	3	30	58	31
丰 台 区	3	25	59	31
石景山区	3	27	56	30
海 淀 区	2	28	52	30
门头沟区	3	22	52	29
房 山 区	3	23	50	31
通 州 区	3	29	62	33
顺 义 区	3	22	52	29
昌 平 区	2	20	50	27
大 兴 区	2	28	55	31
怀 柔 区	3	16	45	26
平 谷 区	3	16	50	29
密 云 区	3	17	48	26
延 庆 区	2	15	46	26

资料来源：北京市生态环境局。

3-69 园林绿化基本情况（2022年）

各　区	绿地面积（公顷）	人均公园绿地面积（平方米）	绿化覆盖率（%）
全　市	**93558**	**16.9**	**49.8**
东城区	1111	9.1	35.5
西城区	1103	5.0	32.2
朝阳区	16077	18.6	48.1
丰台区	7775	12.2	47.9
石景山区	4424	24.4	54.6
海淀区	13732	14.9	51.8
门头沟区	2185	26.1	50.9
房山区	8442	13.9	51.6
通州区	7675	18.8	51.0
顺义区	7659	23.2	56.6
昌平区	5893	17.1	49.2
大兴区	9634	14.8	46.5
怀柔区	2411	28.4	52.8
平谷区	1745	21.0	50.8
密云区	1935	15.9	58.8
延庆区	1756	45.8	53.6

资料来源：北京市园林绿化局。

3-70 垃圾处理情况（2022年）

各 区	垃圾无害化处理场（厂）个数（个）	生活垃圾转运站个数（个）	生活垃圾无害化处理量（万吨）	生活垃圾无害化处理率（按垃圾清运量计算）（%）
全 市	**38**	**9**	**740.57**	**100.00**
东城区			31.89	100.00
西城区			41.95	100.00
朝阳区	4	2	166.67	100.00
丰台区	2	2	79.92	100.00
石景山区		1	18.49	100.00
海淀区	3	1	86.89	100.00
门头沟区	3	1	9.37	100.00
房山区	2	1	30.80	100.00
通州区	3	1	65.60	100.00
顺义区	3		45.29	100.00
昌平区	4		57.60	100.00
大兴区	4		52.90	100.00
怀柔区	3		14.81	100.00
平谷区	2		15.23	100.00
密云区	2		15.63	100.00
延庆区	3		7.53	100.00

资料来源：北京市城市管理委员会。

3-71 民用汽车拥有量（2022年）

单位：辆

各　区	民用汽车拥有量	#私人汽车
全　市	**6256252**	**5325743**
东城区	541176	424414
西城区	506412	441198
朝阳区	1060600	916209
丰台区	576187	503763
石景山区	156357	137170
海淀区	974053	869569
门头沟区	82597	68946
房山区	335378	282492
通州区	413193	343455
顺义区	325646	263212
昌平区	427106	378550
大兴区	414784	335984
怀柔区	116232	95899
平谷区	115661	89784
密云区	127763	105599
延庆区	83107	69499

资料来源：北京市公安局公安交通管理局。

3-72　备案停车场情况（2022年）

单位：个

各　区	备案停车场个数	备案停车场车位总数
全　市	**3079**	**822731**
东 城 区	178	42360
西 城 区	265	51511
朝 阳 区	565	183563
丰 台 区	408	94416
石景山区	98	31190
海 淀 区	605	144696
门头沟区	79	15358
房 山 区	138	29195
通 州 区	195	61063
顺 义 区	83	26476
昌 平 区	49	17442
大 兴 区	160	46694
怀 柔 区	23	8737
平 谷 区	42	10110
密 云 区	38	10941
延 庆 区	51	13218
北京经济技术开发区	102	35761

资料来源：北京市交通委员会。

2023

北京区域统计年鉴

第四章

BEIJING AREA STATISTICAL YEARBOOK

开发区主要数据

简要说明

一、本章资料的主要内容

本章资料包括3个国家级开发区的规划面积、产值、利润、从业人员等主要指标情况。

二、本章资料的数据来源

本章资料主要由北京市统计局提供，4-2表由北京经济技术开发区经济发展局、经济社会调查队提供。

三、本章资料的统计范围情况

本章资料包括3个国家级开发区（北京经济技术开发区、中关村国家自主创新示范区、北京首都国际机场临空经济区）的主要情况。

2012年底，国务院批复了中关村国家自主创新示范区空间规模和布局调整的方案，自2013年起，中关村国家自主创新示范区中部分园区的空间规模和布局进行了扩大调整，其中，昌平园和西城园规划面积变化较大，平谷园、门头沟园、房山园、顺义园、密云园、怀柔园和延庆园7个园区纳入中关村国家自主创新示范区统计范围。

4-1 开发区基本情况（2022年）

项　　目		2022
开发区个数	（个）	3
区规划总面积	（公顷）	48563.6
累计已开发土地面积	（公顷）	36196.9
累计已供应土地面积	（公顷）	30815.7
累计已建成城镇建设用地面积	（公顷）	27924.0
累计招商项目企业个数	（个）	162059
总收入	（亿元）	95331.8
工业总产值	（亿元）	14484.1
利润总额	（亿元）	6933.4
应缴税金	（亿元）	2317.3

注：1. 本表中的开发区仅包括国家级开发区情况。
　　2. 表内“累计”指自开始至年末的累计数。

4-2 北京经济技术开发区主要经济指标

项　　目		2022	2021
规划面积	（公顷）	6579.9	5960.0
开发区生产总值	（亿元）	2456.4	2766.2
工业总产值（当年价格）	（亿元）	5128.7	5712.1
#高新技术产业		4112.3	4767.1
销售（营业）收入	（亿元）	20276.9	19914.3
利润总额	（亿元）	1330.0	1696.4
进出口总值	（亿美元）	259.0	315.4
出　口		72.4	127.7
进　口		186.6	187.6
一般公共预算收入	（亿元）	372.4	362.7
实际利用外商直接投资	（亿美元）	3.9	3.6
固定资产投资（不含农户）增速	（%）	10.7	17.1
从业人员期末人数	（人）	475342	442005
从业人员工资总额	（亿元）	910.8	762.1

注：1. 本表中工业总产值、销售（营业）收入和利润总额指标的统计范围为规模（限额）以上法人单位。
　　2. 一般公共预算收入为地方级口径。

4-3 中关村国家自主创新示范区主要指标

项目		2022	2021
土地开发情况			
规划总面积	（公顷）	46311.7	46036.7
累计已开发土地面积	（公顷）	29267.0	29116.8
累计已供应土地面积	（公顷）	25112.0	25069.2
累计已建成城镇建设用地	（公顷）	22725.4	22568.6
投产情况			
投产（开业）企业个数	（个）	24671	24055
#高新技术企业		16358	15790
#工业企业		2637	2492
#三资企业		836	673
企业经营活动情况			
工业总产值	（亿元）	13190.4	15369.1
总收入	（亿元）	87462.9	84402.3
#技术收入		22502.6	20419.4
利润总额	（亿元）	6901.0	7725.3
#高新技术企业		3891.1	5123.9
应缴税金总额	（亿元）	2029.2	2436.0
从业人员期末人数	（人）	2790210	2849075

4-3 续表

项　　目		2022	2021
研究开发活动情况			
研究开发人员合计	（人）	1005583	978381
#全职人员		904721	894831
研究开发费用合计	（亿元）	4952.4	4600.2
#人员人工费用		2695.6	2530.6
委托外部研究开发费用	（亿元）	704.9	635.8
#委托境外机构		13.7	13.0
研究开发产出情况			
专利情况			
期末有效发明专利数	（件）	267471	206767
当年专利授权数	（件）	98300	90434
论文、著作情况			
发表科技论文	（篇）	16910	18972
技术改造和技术获取情况			
技术改造经费支出	（亿元）	11.0	11.1
引进境外技术经费支出	（亿元）	2.8	8.0
引进境外技术的消化吸收经费支出	（亿元）	1.1	0.1
购买境内技术经费支出	（亿元）	6.6	7.4

4-3 续表1 海淀园主要指标

项　　目		2022	2021
规划总面积	（公顷）	17430.6	17430.6
累计已开发土地面积	（公顷）	15626.9	15626.9
累计已供应土地面积	（公顷）	14065.9	14037.7
累计已建成城镇建设用地	（公顷）	13643.6	13640.7
投产（开业）企业个数	（个）	10087	10769
#高新技术企业		6805	7087
#工业企业		507	510
#三资企业		316	270
工业总产值	（亿元）	2764.1	3181.6
总收入	（亿元）	37021.8	35197.0
#技术收入		12768.8	11901.3
利润总额	（亿元）	2539.4	2119.9
#高新技术企业		1892.5	1563.1
应缴税金总额	（亿元）	411.3	757.9
从业人员期末人数	（人）	1144304	1238031
研究开发人员合计	（人）	507452	523380
研究开发费用合计	（亿元）	2499.1	2392.9
当年专利授权数	（个）	40935	39534

4-3 续表2 丰台园主要指标

项　　目		2022	2021
规划总面积	（公顷）	818.0	818.0
累计已开发土地面积	（公顷）	470.0	470.0
累计已供应土地面积	（公顷）	444.9	441.9
累计已建成城镇建设用地	（公顷）	440.7	434.8
投产（开业）企业个数	（个）	2288	1857
#高新技术企业		1427	1107
#工业企业		177	165
#三资企业		42	26
工业总产值	（亿元）	270.8	291.1
总收入	（亿元）	7568.9	7310.2
#技术收入		820.2	712.2
利润总额	（亿元）	582.3	497.6
#高新技术企业		247.2	234.4
应缴税金总额	（亿元）	141.5	152.4
从业人员期末人数	（人）	204572	195349
研究开发人员合计	（人）	56703	50670
研究开发费用合计	（亿元）	226.7	210.3
当年专利授权数	（个）	8009	6090

4-3 续表3 昌平园主要指标

项　　目		2022	2021
规划总面积	（公顷）	5140.3	5140.3
累计已开发土地面积	（公顷）	2809.0	2776.1
累计已供应土地面积	（公顷）	2044.7	2011.8
累计已建成城镇建设用地	（公顷）	1863.1	1863.1
投产（开业）企业个数	（个）	2484	2461
#高新技术企业		1369	1399
#工业企业		440	436
#三资企业		74	65
工业总产值	（亿元）	1218.1	1090.1
总收入	（亿元）	5257.7	5382.7
#技术收入		574.4	529.8
利润总额	（亿元）	517.9	303.4
#高新技术企业		163.4	98.3
应缴税金总额	（亿元）	224.7	168.1
从业人员期末人数	（人）	167798	172059
研究开发人员合计	（人）	59736	58632
研究开发费用合计	（亿元）	276.1	257.8
当年专利授权数	（个）	6889	5742

4-3 续表4 朝阳园主要指标

项　　目		2022	2021
规划总面积	（公顷）	2610.0	2610.0
累计已开发土地面积	（公顷）	1471.9	1471.9
累计已供应土地面积	（公顷）	1447.1	1447.1
累计已建成城镇建设用地	（公顷）	1067.4	1067.4
投产（开业）企业个数	（个）	2339	2191
#高新技术企业		1737	1634
#工业企业		116	109
#三资企业		104	86
工业总产值	（亿元）	532.5	494.3
总收入	（亿元）	9670.2	9429.5
#技术收入		3051.0	3048.3
利润总额	（亿元）	675.0	531.2
#高新技术企业		495.1	407.2
应缴税金总额	（亿元）	288.5	271.7
从业人员期末人数	（人）	314744	322924
研究开发人员合计	（人）	112698	109009
研究开发费用合计	（亿元）	553.5	508.1
当年专利授权数	（个）	11979	12699

4-3 续表5 亦庄园主要指标

项　　目		2022	2021
规划总面积	（公顷）	6235.0	2678.0
累计已开发土地面积	（公顷）		2678.0
累计已供应土地面积	（公顷）		64.7
累计已建成城镇建设用地	（公顷）		2678.0
投产（开业）企业个数	（个）	1372	1152
#高新技术企业		908	773
#工业企业		342	271
#三资企业		95	67
工业总产值	（亿元）	4112.3	4767.1
总收入	（亿元）	9158.0	9034.2
#技术收入		851.4	615.9
利润总额	（亿元）	855.3	1401.6
#高新技术企业		451.5	1036.9
应缴税金总额	（亿元）	433.8	499.4
从业人员期末人数	（人）	223009	193394
研究开发人员合计	（人）	63988	54297
研究开发费用合计	（亿元）	389.7	326.5
当年专利授权数	（个）	9090	6850

4-3 续表6 西城园主要指标

项目		2022	2021
规划总面积	（公顷）	1000.0	1000.0
累计已开发土地面积	（公顷）	1000.0	1000.0
累计已供应土地面积	（公顷）	1000.0	1000.0
累计已建成城镇建设用地	（公顷）	1000.0	1000.0
投产（开业）企业个数	（个）	1021	968
#高新技术企业		647	580
#工业企业		37	30
#三资企业		21	16
工业总产值	（亿元）	1440.8	1340.7
总收入	（亿元）	4601.0	3834.1
#技术收入		1039.6	675.3
利润总额	（亿元）	154.7	685.0
#高新技术企业		129.8	100.3
应缴税金总额	（亿元）	51.1	-50.2
从业人员期末人数	（人）	155951	141362
研究开发人员合计	（人）	48626	41830
研究开发费用合计	（亿元）	198.6	206.2
当年专利授权数	（个）	4204	3538

4-3 续表7 东城园主要指标

项　目		2022	2021
规划总面积	（公顷）	603.0	603.0
累计已开发土地面积	（公顷）	288.8	288.8
累计已供应土地面积	（公顷）		
累计已建成城镇建设用地	（公顷）	288.8	288.8
投产（开业）企业个数	（个）	487	447
#高新技术企业		334	298
#工业企业		9	9
#三资企业		21	16
工业总产值	（亿元）	7.6	8.7
总收入	（亿元）	3357.1	3005.9
#技术收入		1289.9	1020.9
利润总额	（亿元）	292.7	264.8
#高新技术企业		43.6	73.4
应缴税金总额	（亿元）	71.2	65.4
从业人员期末人数	（人）	97131	92852
研究开发人员合计	（人）	25592	21500
研究开发费用合计	（亿元）	109.6	106.8
当年专利授权数	（个）	2050	2228

4-3 续表8 石景山园主要指标

项 目		2022	2021
规划总面积	（公顷）	1334.0	1334.0
累计已开发土地面积	（公顷）	459.6	459.6
累计已供应土地面积	（公顷）	459.6	459.6
累计已建成城镇建设用地	（公顷）	339.6	339.6
投产（开业）企业个数	（个）	977	843
#高新技术企业		525	492
#工业企业		47	32
#三资企业		23	17
工业总产值	（亿元）	94.5	112.8
总收入	（亿元）	4195.3	3644.7
#技术收入		1048.9	945.7
利润总额	（亿元）	731.0	455.0
#高新技术企业		159.5	214.2
应缴税金总额	（亿元）	138.6	145.3
从业人员期末人数	（人）	107700	105935
研究开发人员合计	（人）	36553	34533
研究开发费用合计	（亿元）	263.3	215.8
当年专利授权数	（个）	2810	2858

4-3 续表9 通州园主要指标

项　　目		2022	2021
规划总面积	（公顷）	3434.6	3434.6
累计已开发土地面积	（公顷）	2342.3	2342.3
累计已供应土地面积	（公顷）	1992.8	1992.8
累计已建成城镇建设用地	（公顷）	1292.9	1292.9
投产（开业）企业个数	（个）	477	466
#高新技术企业		372	359
#工业企业		167	159
#三资企业		28	20
工业总产值	（亿元）	266.5	289.6
总收入	（亿元）	1060.3	1114.5
#技术收入		337.8	340.0
利润总额	（亿元）	31.2	74.8
#高新技术企业		38.2	76.5
应缴税金总额	（亿元）	27.6	37.3
从业人员期末人数	（人）	48099	50611
研究开发人员合计	（人）	12773	12468
研究开发费用合计	（亿元）	62.8	60.9
当年专利授权数	（个）	2151	2355

4-3 续表10 大兴园主要指标

项 目		2022	2021
规划总面积	（公顷）	2025.1	2025.1
累计已开发土地面积	（公顷）	849.0	849.0
累计已供应土地面积	（公顷）	597.3	595.3
累计已建成城镇建设用地	（公顷）	503.4	476.7
投产（开业）企业个数	（个）	540	499
#高新技术企业		393	358
#工业企业		172	170
#三资企业		18	11
工业总产值	（亿元）	570.0	1774.4
总收入	（亿元）	823.8	1942.5
#技术收入		77.9	70.3
利润总额	（亿元）	70.3	1157.3
#高新技术企业		72.7	1157.1
应缴税金总额	（亿元）	31.5	221.3
从业人员期末人数	（人）	49489	48297
研究开发人员合计	（人）	14107	11523
研究开发费用合计	（亿元）	80.4	85.5
当年专利授权数	（个）	1702	1397

4-3 续表11 平谷园主要指标

项　　目		2022	2021
规划总面积	（公顷）	508.0	508.0
累计已开发土地面积	（公顷）	227.7	227.7
累计已供应土地面积	（公顷）	109.4	109.4
累计已建成城镇建设用地	（公顷）	85.2	85.2
投产（开业）企业个数	（个）	190	180
#高新技术企业		141	137
#工业企业		69	68
#三资企业		12	11
工业总产值	（亿元）	80.0	76.2
总收入	（亿元）	189.8	212.8
#技术收入		30.5	38.6
利润总额	（亿元）	9.4	9.7
#高新技术企业		9.9	8.0
应缴税金总额	（亿元）	8.6	10.3
从业人员期末人数	（人）	18464	19556
研究开发人员合计	（人）	3976	3721
研究开发费用合计	（亿元）	11.6	10.4
当年专利授权数	（个）	485	511

4-3 续表12 门头沟园主要指标

项目		2022	2021
规划总面积	（公顷）	189.0	189.0
累计已开发土地面积	（公顷）	175.0	120.0
累计已供应土地面积	（公顷）	130.0	120.0
累计已建成城镇建设用地	（公顷）	120.0	
投产（开业）企业个数	（个）	266	280
#高新技术企业		158	167
#工业企业		30	27
#三资企业		3	3
工业总产值	（亿元）	48.2	46.4
总收入	（亿元）	566.3	477.9
#技术收入		65.4	63.3
利润总额	（亿元）	5.6	-0.1
#高新技术企业		-0.2	3.0
应缴税金总额	（亿元）	19.9	8.4
从业人员期末人数	（人）	18378	18074
研究开发人员合计	（人）	4357	4764
研究开发费用合计	（亿元）	13.1	15.1
当年专利授权数	（个）	490	400

4-3 续表13 房山园主要指标

项　　目		2022	2021
规划总面积	（公顷）	1572.6	1572.6
累计已开发土地面积	（公顷）	869.7	869.7
累计已供应土地面积	（公顷）	686.2	685.7
累计已建成城镇建设用地	（公顷）	625.7	625.7
投产（开业）企业个数	（个）	598	518
#高新技术企业		418	349
#工业企业		130	114
#三资企业		9	7
工业总产值	（亿元）	349.3	275.1
总收入	（亿元）	668.7	614.5
#技术收入		116.4	86.5
利润总额	（亿元）	21.2	28.9
#高新技术企业		21.2	27.2
应缴税金总额	（亿元）	31.4	37.8
从业人员期末人数	（人）	62291	82158
研究开发人员合计	（人）	11526	9982
研究开发费用合计	（亿元）	36.1	30.4
当年专利授权数	（个）	1417	1182

4-3 续表14 顺义园主要指标

项　　目		2022	2021
规划总面积	（公顷）	1208.5	1208.5
累计已开发土地面积	（公顷）	898.8	898.8
累计已供应土地面积	（公顷）	589.6	580.5
累计已建成城镇建设用地	（公顷）	406.1	404.8
投产（开业）企业个数	（个）	799	731
#高新技术企业		658	608
#工业企业		184	192
#三资企业		39	34
工业总产值	（亿元）	854.4	883.0
总收入	（亿元）	2127.4	1911.0
#技术收入		322.9	242.1
利润总额	（亿元）	142.5	140.2
#高新技术企业		110.4	73.5
应缴税金总额	（亿元）	84.7	72.7
从业人员期末人数	（人）	108154	100318
研究开发人员合计	（人）	31825	26352
研究开发费用合计	（亿元）	171.6	116.4
当年专利授权数	（个）	4232	3289

4-3 续表15 密云园主要指标

项 目		2022	2021
规划总面积	（公顷）	1000.8	1000.8
累计已开发土地面积	（公顷）	699.3	699.3
累计已供应土地面积	（公顷）	645.1	633.7
累计已建成城镇建设用地	（公顷）	466.0	466.0
投产（开业）企业个数	（个）	241	220
#高新技术企业		171	167
#工业企业		90	85
#三资企业		8	5
工业总产值	（亿元）	164.5	167.8
总收入	（亿元）	539.5	425.9
#技术收入		59.0	51.4
利润总额	（亿元）	21.2	9.3
#高新技术企业		21.5	9.2
应缴税金总额	（亿元）	17.8	14.3
从业人员期末人数	（人）	30691	29207
研究开发人员合计	（人）	5696	6035
研究开发费用合计	（亿元）	18.9	21.0
当年专利授权数	（个）	703	800

4-3 续表16 怀柔园主要指标

项　　目		2022	2021
规划总面积	（公顷）	711.0	711.0
累计已开发土地面积	（公顷）	693.1	693.1
累计已供应土地面积	（公顷）	664.3	664.3
累计已建成城镇建设用地	（公顷）	359.2	359.2
投产（开业）企业个数	（个）	247	233
#高新技术企业		170	163
#工业企业		79	73
#三资企业		20	18
工业总产值	（亿元）	295.2	451.1
总收入	（亿元）	460.4	642.7
#技术收入		27.5	24.1
利润总额	（亿元）	26.6	30.8
#高新技术企业		27.7	33.2
应缴税金总额	（亿元）	21.0	17.1
从业人员期末人数	（人）	28270	28489
研究开发人员合计	（人）	7344	7037
研究开发费用合计	（亿元）	30.0	28.4
当年专利授权数	（个）	837	655

4-3 续表17 延庆园主要指标

项　目		2022	2021
规划总面积	（公顷）	491.2	491.2
累计已开发土地面积	（公顷）	386.0	323.7
累计已供应土地面积	（公顷）	235.2	224.7
累计已建成城镇建设用地	（公顷）	223.8	223.8
投产（开业）企业个数	（个）	258	240
#高新技术企业		125	112
#工业企业		41	42
#三资企业		3	1
工业总产值	（亿元）	121.7	119.1
总收入	（亿元）	196.7	222.3
#技术收入		20.9	53.7
利润总额	（亿元）	224.8	16.2
#高新技术企业		7.0	8.5
应缴税金总额	（亿元）	25.8	6.8
从业人员期末人数	（人）	11144	10459
研究开发人员合计	（人）	2631	2648
研究开发费用合计	（亿元）	11.2	7.7
当年专利授权数	（个）	317	306

4-4　北京首都国际机场临空经济区主要指标（2022年）

项　　目		2022
规划总面积	（公顷）	1907.0
累计已开发土地面积	（公顷）	1671.0
累计已供应土地面积	（公顷）	1099.8
累计已建成城镇建设用地	（公顷）	1043.6
投产（开业）企业个数	（个）	537
#高新技术企业		119
#工业企业		63
#三资企业		82
工业总产值	（亿元）	220.4
总收入	（亿元）	3483.6
利润总额	（亿元）	-173.5
#高新技术企业		27.0
应缴税金总额	（亿元）	107.1
从业人员平均人数	（人）	170869

注：1. 北京首都国际机场临空经济区为国家级综合保税区，2022年由原北京天竺综合保税区和原北京临空经济核心区整合而成。

2. 本表“投产（开业）企业个数”“工业总产值”“工业销售产值”“总收入”“利润总额”“应缴税金总额”“从业人员平均人数”的统计范围为注册在开发区内的规模（限额）以上法人单位。

2023

北京区域统计年鉴

BEIJING AREA STATISTICAL YEARBOOK

第五章 特色功能区主要数据

简要说明

一、本章资料的主要内容

本章资料包括首都功能核心区、中心城区、城市副中心、平原新城、生态涵养区等城市空间新格局特色功能区和中关村国家自主创新示范区、金融街、北京商务中心区、北京经济技术开发区、首都机场临空经济示范区、奥林匹克中心区等高端产业功能区主要指标数据。

二、有关统计标准和数据调整说明

《北京城市总体规划（2016 年-2035 年）》提出要在北京市域范围内形成“一核一主一副、两轴多点一区”的城市空间结构。其中，“一核”指首都功能核心区；“一主”指中心城区；“一副”指北京城市副中心；“多点”指 5 个位于平原的新城；“一区”指生态涵养区。

高端产业功能区中的中关村国家自主创新示范区按注册地统计，其他功能区按经营地统计，因此，中关村国家自主创新示范区与其他 5 个功能区的单位有重复，在核算高端产业功能区合计时剔除了重复部分，所以分功能区数据相加不等于功能区合计。

三、本章资料的数据来源

本章资料中一般公共预算收支数据来自北京市财政局，其他数据均来自北京市统计局。

5-1 首都功能核心区基本情况（2016-2022年）

项　目		2016	2017	2018	2019	2020	2021	2022
常住人口	（万人）	213.7	206.1	198.9	190.6	181.5	181.2	180.4
#常住外来人口		53.2	50.9	43.8	41.9	39.8	38.9	36.9
地区生产总值	（亿元）	6161.8	6774.0	7419.3	7917.7	7939.8	8681.3	9137.2
第一产业增加值								
第二产业增加值		302.0	322.5	365.3	363.5	333.7	364.6	372.3
工业增加值		200.1	206.0	228.8	225.0	203.5	225.6	229.5
建筑业增加值		102.1	116.6	136.6	138.6	130.3	139.2	142.9
第三产业增加值		5859.8	6451.5	7054.0	7554.2	7606.1	8316.7	8764.8
一般公共预算收入	（亿元）	580.1	594.3	606.5	620.8	595.3	623.6	600.8
一般公共预算支出	（亿元）	663.6	674.6	681.3	687.1	686.7	697.2	684.9
固定资产投资增速	（%）	7.5	12.4	-8.4	-13.2	10.2	-0.8	10.8
规模以上工业总产值	（亿元）	1291.9	1345.9	799.3	802.9	641.7	686.5	719.0
社会消费品零售总额	（亿元）	2123.8	2235.2	2310.8	2415.0	2207.0	2392.7	2215.2
规模以上文化产业法人单位收入	（亿元）			2456.8	2708.6	2258.5	2378.0	2105.1

注：1. 本表统计范围包括东城区和西城区。
　　2. 本表固定资产投资增速2016-2018年为全社会口径，自2019年起为不含农户口径，下同。

5-2 中心城区基本情况（2016-2022年）

项　　目		2016	2017	2018	2019	2020	2021	2022
常住人口	（万人）	1264.7	1226.7	1190.1	1147.6	1098.5	1097.2	1094.5
#常住外来人口		454.0	426.6	401.4	386.0	356.6	352.0	345.5
地区生产总值	（亿元）	19578.0	21673.4	23916.3	25626.3	26179.9	29282.3	30317.2
第一产业增加值		3.1	3.2	4.6	5.7	5.1	5.4	5.8
第二产业增加值		1667.8	1762.3	1915.8	1963.5	1970.3	2189.1	2146.2
工业增加值		1006.9	1062.3	1152.1	1180.7	1159.1	1343.9	1308.2
建筑业增加值		663.4	702.6	764.4	783.5	811.8	848.6	839.1
第三产业增加值		17907.1	19907.9	21995.9	23657.1	24204.6	27087.8	28165.2
一般公共预算收入	（亿元）	1600.1	1688.9	1769.9	1794.0	1756.3	1875.7	1805.8
一般公共预算支出	（亿元）	1986.1	2133.1	2276.2	2411.9	2196.3	2279.8	2311.4
固定资产投资增速	（%）	4.9	9.5	-10.5	-5.0	-0.2	9.4	2.6
规模以上工业总产值	（亿元）	4876.9	5108.9	4733.0	4870.8	4825.5	5749.3	5336.0
社会消费品零售总额	（亿元）	9625.2	10135.0	10408.8	10812.5	9865.2	10725.7	9833.4
规模以上文化产业法人单位收入	（亿元）			9786.7	12244.1	13904.9	16377.7	16554.0

注：本表统计范围包括东城区、西城区、朝阳区、丰台区、石景山区和海淀区。

5-3 城市副中心基本情况（2016-2022年）

项　　目		2016	2017	2018	2019	2020	2021	2022
常住人口	（万人）	145.9	154.5	163.3	173.2	184.0	184.3	184.3
#常住外来人口		67.7	73.2	83.0	82.9	90.4	89.9	89.9
地区生产总值	（亿元）	761.4	852.2	986.7	1059.3	1110.5	1208.5	1253.4
第一产业增加值		16.6	16.4	16.1	12.6	13.1	13.2	13.4
第二产业增加值		303.4	356.5	384.4	421.0	426.5	444.2	466.7
工业增加值		210.6	215.7	212.4	216.6	206.9	230.3	216.6
建筑业增加值		93.4	141.4	172.7	205.2	220.4	214.8	251.0
第三产业增加值		441.4	479.3	586.2	625.7	670.9	751.1	773.3
一般公共预算收入	（亿元）	76.5	79.2	83.1	88.7	78.7	92.4	89.4
一般公共预算支出	（亿元）	338.4	320.7	405.4	359.8	306.9	330.3	306.3
固定资产投资增速	（%）	17.4	12.2	-21.8	15.5	8.7	-2.6	0.5
规模以上工业总产值	（亿元）	644.0	641.2	620.6	616.6	585.6	634.1	610.5
社会消费品零售总额	（亿元）	478.8	521.6	552.2	590.7	529.3	563.6	539.6
规模以上文化产业法人单位收入	（亿元）			72.3	289.4	364.8	392.5	343.0

注：本表统计范围为通州区。

5-4 平原新城基本情况（2016-2022年）

项　　目		2016	2017	2018	2019	2020	2021	2022
常住人口	（万人）	589.7	612.9	632.9	659.8	690.0	690.4	689.4
#常住外来人口		294.3	309.5	315.3	324.8	338.4	338.7	337.4
地区生产总值	（亿元）	5118.6	5636.2	6281.0	6727.0	6722.6	8455.9	7823.1
第一产业增加值		61.1	57.1	52.7	51.8	51.4	52.0	50.0
第二产业增加值		2292.9	2498.2	2733.5	2792.5	2806.9	4156.7	3361.8
工业增加值		2104.7	2285.8	2468.6	2511.0	2513.4	3844.5	3011.8
建筑业增加值		228.7	255.6	313.0	331.1	338.5	363.2	400.0
第三产业增加值		2764.7	3080.8	3494.7	3882.7	3864.3	4247.1	4411.3
一般公共预算收入	（亿元）	347.6	378.2	411.3	443.8	461.0	493.5	501.3
一般公共预算支出	（亿元）	863.0	874.5	1025.7	1034.9	1131.9	1084.7	1130.4
固定资产投资增速	（%）	1.5	-1.5	-5.0	-3.8	5.3	6.8	6.5
规模以上工业总产值	（亿元）	8265.4	8423.2	8525.7	8737.6	9122.0	11763.3	10085.0
社会消费品零售总额	（亿元）	2401.4	2594.5	2731.3	2882.2	2600.7	2799.0	2660.2
规模以上文化产业法人单位收入	（亿元）			613.9	735.9	897.4	1012.3	1073.2

注：本表统计范围包括房山区、顺义区、昌平区、大兴区和北京经济技术开发区。

5-5 生态涵养区基本情况（2016-2022年）

项 目		2016	2017	2018	2019	2020	2021	2022
常住人口	（万人）	195.1	200.3	205.4	209.5	216.5	216.7	216.1
#常住外来人口		42.8	46.2	48.5	49.8	54.2	54.2	52.3
地区生产总值	（亿元）	1120.9	1243.4	1380.4	1479.1	1499.2	1632.5	1704.6
第一产业增加值		49.0	45.2	47.0	44.0	38.5	40.4	42.1
第二产业增加值		400.7	431.4	443.6	462.3	439.9	460.0	466.1
工业增加值		312.3	321.0	306.7	305.5	283.2	296.0	288.4
建筑业增加值		89.1	111.2	137.7	157.6	157.5	164.8	178.6
第三产业增加值		671.2	766.8	889.8	972.8	1020.8	1132.2	1196.4
一般公共预算收入	（亿元）	136.2	146.4	157.6	159.9	163.2	167.9	167.0
一般公共预算支出	（亿元）	522.2	634.0	712.8	677.2	686.5	655.0	600.4
固定资产投资增速	（%）	14.5	5.9	-8.1	3.6	-4.5	-11.7	2.4
规模以上工业总产值	（亿元）	1219.0	1294.2	1226.0	1179.0	1258.7	1200.8	1055.7
社会消费品零售总额	（亿元）	629.7	682.7	729.9	778.2	721.1	779.4	761.0
规模以上文化产业法人单位收入	（亿元）			230.0	274.8	253.6	310.0	289.3

注：本表统计范围包括门头沟区、怀柔区、平谷区、密云区和延庆区。

5-6　高端产业功能区规模以上法人单位主要财务指标（2008-2022年）

单位：亿元

项　　目	2008	2009	2010	2011	2012	2013	2014	2015
高端产业功能区资产总计	**231482.3**	**282433.8**	**326671.7**	**379132.6**	**439140.9**	**551156.0**	**631584.0**	**753426.6**
（剔除重复部分）								
中关村国家自主创新示范区	12049.7	16812.7	20085.8	25903.4	35287.8	46156.4	58737.7	73131.4
金融街	204394.6	247446.0	279566.7	321315.1	366544.0	462465.0	520272.5	620991.5
北京商务中心区	6103.4	8291.6	14929.8	18299.4	22017.7	26715.9	32455.1	39212.2
北京经济技术开发区	2179.2	2812.3	3691.0	4606.8	4863.5	5460.3	6364.2	7227.3
首都机场临空经济示范区	3700.3	4133.8	4831.1	5279.7	5741.2	6325.1	7930.5	7940.9
奥林匹克中心区	4585.8	5528.5	6577.4	6951.9	8643.9	9727.4	11958.6	12860.2
高端产业功能区收入合计	**21641.5**	**24518.6**	**31499.2**	**37609.0**	**45451.8**	**51567.1**	**58432.2**	**63979.0**
（剔除重复部分）								
中关村国家自主创新示范区	9945.8	12747.1	15587.7	19035.7	24283.4	29655.8	35154.6	39516.6
金融街	5440.8	5627.1	6454.8	7096.3	8109.6	8093.2	8895.2	10764.0
北京商务中心区	2345.8	2480.6	4338.7	4985.4	5854.5	7018.3	7278.1	7018.3
北京经济技术开发区	2985.5	3241.3	3738.1	4136.4	4328.3	4787.3	5589.9	6670.1
首都机场临空经济示范区	2096.6	2234.4	3029.3	3488.0	3619.3	3790.8	4774.4	3986.6
奥林匹克中心区	1259.1	1465.0	2287.2	2624.6	2876.0	3041.1	2692.0	2618.8
高端产业功能区利润总额	**2582.4**	**3112.7**	**4037.5**	**5341.4**	**6292.5**	**6941.2**	**8302.3**	**10863.7**
（剔除重复部分）								
中关村国家自主创新示范区	757.1	1137.3	1319.4	1533.1	1755.3	2247.5	3014.0	3443.3
金融街	1536.7	1449.1	1833.9	2762.1	3433.6	3513.3	3740.5	5701.8
北京商务中心区	166.9	199.2	451.7	472.6	556.5	707.2	1010.6	1134.4
北京经济技术开发区	274.4	282.1	329.3	339.7	212.2	276.5	249.2	384.6
首都机场临空经济示范区	-13.9	154.7	265.2	317.9	257.3	281.9	385.6	412.9
奥林匹克中心区	90.9	167.2	174.2	228.9	286.1	199.7	199.9	195.5

注：1. 自2010年起，北京商务中心区的数据为东扩后的数据。

2. 自2016年起，奥林匹克中心区数据为范围调整后数据。

3. 自2018年起，原临空经济区的名称规范为首都机场临空经济示范区，数据为范围调整后数据。

5-6 续表

单位：亿元

项 目	2016	2017	2018	2019	2020	2021	2022
高端产业功能区资产总计	**880708.7**	**955548.8**	**980362.2**	**1055455.6**	**1152879.5**	**1257135.3**	**1383186.7**
（剔除重复部分）							
中关村国家自主创新示范区	91154.6	107575.0	118033.0	121480.8	145050.4	161493.8	187001.6
金融街	720852.1	765117.0	789735.0	841319.9	906620.8	956095.7	1035666.7
北京商务中心区	45139.9	54516.1	44208.2	57884.8	74167.1	110333.8	116807.1
北京经济技术开发区	8727.9	13687.4	14425.7	14389.5	17811.9	21871.7	23587.6
首都机场临空经济示范区	8644.7	9687.5	9725.7	11624.1	13219.8	14224.6	15424.3
奥林匹克中心区	16599.2	17740.5	17361.7	21690.5	21915.5	30279.5	34385.6
高端产业功能区收入合计	**69805.3**	**78261.8**	**85705.7**	**94040.7**	**100404.1**	**116665.8**	**121312.1**
（剔除重复部分）							
中关村国家自主创新示范区	44326.4	51337.5	56389.1	63637.7	70412.9	82371.7	85594.6
金融街	10016.0	10054.6	13023.7	13466.9	12901.7	13464.4	13587.9
北京商务中心区	7201.2	7362.4	7732.8	7342.8	7955.5	9469.2	9334.0
北京经济技术开发区	8065.6	9795.6	11142.1	13368.8	15756.6	19796.0	20201.8
首都机场临空经济示范区	4149.0	4210.6	3794.0	4059.5	3893.7	4583.8	4138.6
奥林匹克中心区	4269.9	4790.8	4340.4	4658.2	4101.8	5136.7	5056.8
高端产业功能区利润总额	**9872.3**	**11001.5**	**13134.8**	**13008.5**	**14755.8**	**17437.9**	**16678.2**
（剔除重复部分）							
中关村国家自主创新示范区	3761.7	4357.6	4582.5	4358.5	6536.6	7895.8	7080.1
金融街	4320.4	4823.7	6601.1	6840.5	6662.2	7186.7	7215.7
北京商务中心区	1335.9	1363.2	1403.1	1140.7	1795.1	2156.1	1403.2
北京经济技术开发区	399.7	581.5	635.4	665.4	701.2	1688.7	1326.7
首都机场临空经济示范区	330.4	384.1	336.2	405.8	127.1	28.9	-237.2
奥林匹克中心区	220.8	87.1	244.9	258.1	306.7	634.0	973.1

5-7 高端产业功能区规模以上法人单位主要财务指标（2022年）

项　目	法人单位数（个）	资产总计（亿元）	收入合计（亿元）	利润总额（亿元）
高端产业功能区合计	**14237**	**1383186.7**	**121312.1**	**16678.2**
（剔除重复部分）				
中关村国家自主创新示范区	8343	187001.6	85594.6	7080.1
#工　业	1673	28955.8	15775.5	1394.6
信息传输、软件和信息技术服务业	2783	45517.4	21179.3	2069.4
科学研究和技术服务业	1505	16929.2	5726.3	681.2
金融街	533	1035666.7	13587.9	7215.7
#金融业	217	985358.3	11437.1	5329.9
批发和零售业	36	2100.2	739.6	37.2
信息传输、软件和信息技术服务业	26	29137.9	538.5	1599.4
北京商务中心区	2243	116807.1	9334.0	1403.2
#租赁和商务服务业	695	5211.5	1250.4	-500.3
批发和零售业	402	3557.4	3451.5	232.6
金融业	263	102954.2	3322.2	1614.5
北京经济技术开发区	1462	23587.6	20201.8	1326.7
#工　业	395	10007.5	5618.6	677.8
批发和零售业	339	5126.1	11158.7	232.7
科学研究和技术服务业	187	1314.3	524.8	17.3
首都机场临空经济示范区	1133	15424.3	4138.6	-237.2
#工　业	94	501.0	419.8	3.4
交通运输、仓储和邮政业	187	3711.1	1925.4	-331.1
租赁和商务服务业	94	2252.1	129.0	-44.8
奥林匹克中心区	1539	34385.6	5056.8	973.1
#建筑业	85	937.9	413.7	3.0
批发和零售业	325	2802.7	1922.9	111.7
科学研究和技术服务业	223	1925.5	525.6	51.4

注：本表行业划分执行《国民经济行业分类》（GB/T 4754-2017）标准。

2023
北京区域统计年鉴

第六章

BEIJING AREA
STATISTICAL YEARBOOK

四大直辖市主要数据

简要说明

一、本章资料的主要内容

本章资料主要包括北京、天津、上海、重庆四个直辖市的自然环境、经济发展、社会领域的主要指标数据。

二、本章资料的数据来源

北京市数据由北京市统计局根据相关资料整理，天津、上海、重庆数据摘自《中国统计年鉴》。

6-1 京津沪渝主要指标（2022年）——自然环境

项　　目		北　京	天　津	上　海	重　庆
平均气温	（摄氏度）	13.4	13.6	18.0	20.5
平均相对湿度	（%）	54	58	73	70
水资源总量	（亿立方米）	23.7	16.6	33.1	373.5
二氧化硫（SO_2）年平均浓度值	（微克/立方米）	3	9	6	10
二氧化氮（NO_2）年平均浓度值	（微克/立方米）	23	32	27	29
可吸入颗粒物（PM_{10}）年平均浓度值	（微克/立方米）	54	65	39	48
细颗粒物（$PM_{2.5}$）年平均浓度值	（微克/立方米）	30	37	25	31
国家级自然保护区个数	（个）	2	3	2	7
国家级自然保护区面积	（万公顷）	2.89	3.06	6.52	25.52

6-2 京津沪渝主要指标（2022年）
——经 济

项 目		北 京	天 津	上 海	重 庆
地区生产总值	（亿元）	41610.9	16311.3	44652.8	29129.0
第一产业		111.5	273.1	97.0	2012.1
第二产业		6605.1	6038.9	11458.4	11693.9
第三产业		34894.3	9999.3	33097.4	15423.1
地区生产总值构成	（%）				
第一产业		0.3	1.7	0.2	6.9
第二产业		15.9	37.0	25.7	40.1
第三产业		83.9	61.3	74.1	52.9
人均地区生产总值	（元）	190313	119235	179907	90663
城镇非私营单位从业人员工资总额	（亿元）	15852.2	3212.4	14344.4	3721.9
城镇非私营单位从业人员平均工资	（元）	208977	129522	212476	107008
居民消费价格总指数（以上年=100）		101.8	101.9	102.5	102.1
一般公共预算收入	（亿元）	5714.4	1846.7	7608.2	2103.4
一般公共预算支出	（亿元）	7469.2	2729.8	9393.2	4892.8
固定资产投资（不含农户）增速	（%）	3.6	-9.9	-1.0	0.7
社会消费品零售总额	（亿元）	13794.2	3572.0	16442.1	13926.1
地区货物进出口总值	（亿元）	36445.5	8302.3	41810.8	8102.8
金融机构（含外资）本外币存款余额	（亿元）	218628.8	40488.2	192293.1	49567.2
金融机构（含外资）本外币贷款余额	（亿元）	97819.9	42494.7	103138.9	50051.9

注：本表中存贷款数据来源于中国人民银行及其分支机构官方网站。

6-3 京津沪渝主要指标（2022年）——社 会

项 目		北 京	天 津	上 海	重 庆
常住人口	（万人）	2184.3	1363	2475	3213
常住就业人口	（万人）	1132.1	621.0	1347.0	1644.0
居民人均可支配收入	（元）	77415	48976	79610	35666
城镇居民人均可支配收入	（元）	84023	53003	84034	45509
农村居民人均可支配收入	（元）	34754	29018	39729	19313
居民人均消费支出	（元）	42683	31324	46045	25371
城镇居民人均消费支出	（元）	45617	33824	48111	30574
农村居民人均消费支出	（元）	23745	18934	27430	16727
城市绿化覆盖率	（%）	49.8	38.4	38.1	44.6
研究与试验发展经费支出	（亿元）	2843.3	568.7	1981.6	686.6
专利授权量	（件）	202722	71545	178323	66467
技术市场成交额	（亿元）	7947.5	1650.9	3870.7	559.5
普通本专科在校生数	（万人）	60.3	59.5	55.5	106.6
普通高中在校生数	（万人）	19.9	20.9	19.3	66.3
小学在校生数	（万人）	108.4	77.1	91.7	203.2
公共图书馆图书总藏量	（万册）	7819	2391	8240	2727
结婚对数	（万对）	9.1	6.9	7.2	17.4
离婚对数	（万对）	4.4	4.0	3.0	9.0

注：本表中研究与试验发展经费支出数据来源于《2022年全国科技经费投入统计公报》。

2023
北京区域统计年鉴

第七章

BEIJING AREA
STATISTICAL YEARBOOK

京津冀、长三角、珠三角主要数据

简要说明

一、本章资料的主要内容

本章资料内容包括全国、京津冀地区、长三角地区、珠三角地区人口、经济、就业、价格、人民生活等方面的主要指标数据。

二、本章资料的数据来源

北京市数据由北京市统计局根据相关资料整理，全国数据摘自《中国统计年鉴》，珠三角地区数据摘自《广东统计年鉴》及广东统计信息网，其他省市数据摘自《中国统计年鉴》等。

7-1 京津冀、长三角、珠三角主要指标
——人口、地区生产总值

地区	常住人口（万人）			地区生产总值（亿元）		第一产业	
	2022	2021	增长速度（%）	2022	增长速度（%）	2022	增长速度（%）
全　国	**141175**	**141260**	**-0.1**	**1210207.2**	**3.0**	**88345.1**	**4.1**
京津冀地区							
北　京	2184.3	2188.6	-0.2	41610.9	0.7	111.5	-1.6
天　津	1363	1373	-0.7	16311.3	1.0	273.1	2.9
河　北	7420	7448	-0.4	42370.4	3.8	4410.3	4.2
长三角地区							
上　海	2475	2489	-0.6	44652.8	-0.2	97.0	-3.5
江　苏	8515	8505	0.1	122875.6	2.8	4959.4	3.1
浙　江	6577	6540	0.6	77715.4	3.1	2324.8	3.2
安　徽	6127	6113	0.2	45045.0	3.5	3513.7	4.0
珠三角地区							
广　州	1873.4	1881.1	-0.4	28839.0	1.0	318.3	3.2
深　圳	1766.2	1768.2	-0.1	32387.7	3.3	25.6	0.8
珠　海	247.7	246.7	0.4	4045.5	2.3	60.5	7.2
佛　山	955.2	961.3	-0.6	12698.4	2.1	221.1	6.3
惠　州	605.0	606.6	-0.3	5401.2	4.2	277.5	6.9
东　莞	1043.7	1053.7	-0.9	11200.3	0.6	36.5	0.3
中　山	443.1	446.7	-0.8	3631.3	0.5	89.2	5.9
江　门	482.2	483.5	-0.3	3773.4	3.3	324.6	7.0
肇　庆	412.8	413.0	-0.03	2705.0	1.1	486.5	3.9

注：地区生产总值按当年价格计算，增长速度按不变价格计算。

7-1 续表

地 区	第二产业		第三产业		人均地区生产总值（元）	
	2022	增长速度（%）	2022	增长速度（%）	2022	增长速度（%）
全 国	**483164.5**	**3.8**	**638697.6**	**2.3**	**85698**	**3.0**
京津冀地区						
北 京	6605.1	-11.4	34894.3	3.4	190313	0.8
天 津	6038.9	-0.5	9999.3	1.7	119235	1.8
河 北	17050.1	4.6	20910.0	3.2	56995	4.1
长三角地区						
上 海	11458.4	-1.6	33097.4	0.3	179907	…
江 苏	55888.7	3.7	62027.5	1.9	144390	2.5
浙 江	33205.2	3.4	42185.4	2.8	118496	2.2
安 徽	18588.0	5.1	22943.3	2.2	73603	3.3
珠三角地区						
广 州	7909.3	1.1	20611.4	1.0	153625	1.0
深 圳	12405.9	4.8	19956.2	2.4	183274	3.2
珠 海	1808.1	7.1	2176.9	-1.4	163654	1.8
佛 山	7129.8	2.8	5347.5	1.0	132517	1.9
惠 州	3019.9	7.2	2103.9	0.02	89157	4.3
东 莞	6513.6	0.8	4650.2	0.3	106803	0.8
中 山	1795.2	-0.02	1746.8	0.8	81620	0.5
江 门	1723.6	4.6	1725.2	1.3	78146	3.1
肇 庆	1126.9	1.1	1091.6	-0.3	65513	0.9

7-2 京津冀、长三角、珠三角主要指标——财 政

单位：亿元

地 区	一般公共预算收入		一般公共预算支出	
	2022	2021	2022	2021
全 国	**108762.2**	**111084.2**	**224981.3**	**210623.0**
京津冀地区				
北 京	5714.4	5932.3	7469.2	7205.1
天 津	1846.7	2141.1	2729.8	3152.5
河 北	4056.3	4167.6	9305.6	8848.2
长三角地区				
上 海	7608.2	7771.8	9393.2	8430.9
江 苏	9258.9	10015.2	14901.4	14585.3
浙 江	8039.9	8262.6	12017.8	11014.6
安 徽	3589.1	3498.2	8379.8	7591.1
珠三角地区				
广 州	1855.1	1884.3	3022.5	3021.2
深 圳	4012.4	4257.7	4997.4	4570.2
珠 海	437.4	448.2	754.1	786.7
佛 山	796.8	808.3	1022.3	1072.0
惠 州	441.7	455.4	693.0	663.3
东 莞	766.1	769.6	861.6	882.5
中 山	316.0	316.5	463.1	472.5
江 门	263.0	279.9	450.7	460.2
肇 庆	160.8	146.5	397.6	396.8

注：全国一般公共预算收支为全国31个省（自治区、直辖市）合计数。

7-3 京津冀、长三角、珠三角主要指标
——金　融

单位：亿元

地　区	金融机构本外币存款余额		金融机构本外币贷款余额	
	2022	2021	2022	2021
全　国	**2644472.3**	**2386062.4**	**2191028.6**	**1985107.5**
京津冀地区				
北　京	218628.8	199741.5	97819.9	89032.9
天　津	40488.2	35903.1	42494.7	41054.2
河　北	100279.0	89019.5	76644.7	67962.8
长三角地区				
上　海	192293.1	175831.1	103138.9	96032.1
江　苏	218695.8	196016.3	206845.4	180538.7
浙　江	196339.9	170816.0	189808.3	165755.7
安　徽	75196.1	66868.5	67466.2	58669.8
珠三角地区				
广　州	80495.1	74988.9	68918.6	61399.6
深　圳	123400.5	112545.2	83423.0	77240.8
珠　海	11794.3	10496.1	10312.7	8909.8
佛　山	23787.8	20607.0	18234.5	16474.1
惠　州	8396.6	7809.7	9479.1	8478.9
东　莞	23514.0	20315.6	16780.2	14931.2
中　山	8267.2	7332.9	7055.2	6486.5
江　门	6570.6	5864.3	5497.8	4970.3
肇　庆	3430.0	3052.7	2939.7	2639.6

注：本表中存贷款数据来源于中国人民银行及其分支机构官方网站。

7-4 京津冀、长三角、珠三角主要指标——投资、消费

地区	固定资产投资（不含农户）增速（%）		社会消费品零售总额（亿元）	
	2022	2021	2022	比2021年增长（%）
全国	**5.1**	**4.9**	**439732.5**	**-0.2**
京津冀地区				
北京	3.6	4.9	13794.2	-7.2
天津	-9.9	4.8	3572.0	-5.2
河北	7.9	3.0	13720.1	1.6
长三角地区				
上海	-1.0	8.0	16442.1	-9.1
江苏	3.8	5.8	42752.1	0.1
浙江	9.1	10.8	30467.2	4.3
安徽	9.0	9.4	21518.4	0.2
珠三角地区				
广州	-2.1	11.7	10298.2	1.7
深圳	8.4	3.7	9708.3	2.2
珠海	-8.8	-3.1	1044.7	-0.3
佛山	-3.6	7.6	3593.6	1.0
惠州	8.8	21.8	2040.5	3.1
东莞	0.8	8.2	4254.9	0.4
中山	-0.7	15.3	1593.4	4.1
江门	-0.8	1.4	1309.0	2.4
肇庆	-14.9	11.6	1117.1	-3.8

7-5 京津冀、长三角、珠三角主要指标——对外经济贸易

单位：亿元

地区	地区货物出口值		地区货物进口值	
	2022	2021	2022	2021
全国	**237411.5**	**214255.2**	**180600.1**	**173159.4**
京津冀地区				
北京	5890.0	6118.5	30555.5	24319.9
天津	3729.1	3875.8	4573.2	4691.9
河北	3288.9	3029.7	2211.8	2387.8
长三角地区				
上海	17101.5	15713.4	24709.2	24891.4
江苏	34590.7	32526.7	19627.5	19577.8
浙江	34333.3	30119.9	12494.6	11298.8
安徽	4758.8	4094.2	2769.9	2819.7
珠三角地区				
广州	6195.4	6311.2	4752.8	4513.8
深圳	21943.8	19262.6	14794.4	16174.1
珠海	1927.5	1885.6	1123.4	1434.0
佛山	5561.6	5007.3	1075.2	1153.9
惠州	2044.9	2132.2	1046.2	922.8
东莞	9239.6	9559.2	4686.6	5687.4
中山	2327.8	2231.5	470.7	463.3
江门	1446.1	1465.6	327.7	323.7
肇庆	273.4	272.0	112.2	133.5

注：各地区进出口数据按境内收发货人所在地统计。

7-6 京津冀、长三角、珠三角主要指标
——就 业

地 区	城镇非私营单位从业人员年末人数（万人）			城镇非私营单位从业人员平均工资（元）		
	2022	2021	增长速度（%）	2022	2021	增长速度（%）
全 国	**16700.7**	**17014.5**	**-1.8**	**114029**	**106837**	**6.7**
京津冀地区						
北 京	747.1	759.5	-1.6	208977	194651	7.4
天 津	243.3	256.4	-5.1	129522	123528	4.9
河 北	561.1	566.0	-0.8	90745	82526	10.0
长三角地区						
上 海	672.3	683.1	-1.6	212476	191844	10.8
江 苏	1283.0	1314.0	-2.4	121724	115133	5.7
浙 江	1041.4	1034.6	0.7	128825	122309	5.3
安 徽	576.8	563.2	2.4	98649	93861	5.1
珠三角地区						
广 州		426.9		147947	139802	5.8
深 圳		513.6		162680	153471	6.0
珠 海		79.8		124430	120162	3.6
佛 山		154.6		108656	103417	5.1
惠 州		105.4		99928	97935	2.0
东 莞		287.3		93299	88535	5.4
中 山		78.7		100994	98515	2.5
江 门		63.7		96927	91618	5.8
肇 庆		36.8		95767	90280	6.1

注：本表中2022年珠三角地区数据来源于广东统计信息网。

7-7 京津冀、长三角、珠三角主要指标
——价　格

（上年=100）

地　区	居民消费价格指数		工业生产者出厂价格指数		工业生产者购进价格指数	
	2022	2021	2022	2021	2022	2021
全　国	**102.0**	**100.9**	**104.1**	**108.1**	**106.1**	**111.0**
京津冀地区						
北　京	101.8	101.1	102.3	101.1	106.2	103.7
天　津	101.9	101.3	105.8	110.9	104.4	114.7
河　北	101.8	101.0	100.5	116.4	104.7	119.8
长三角地区						
上　海	102.5	101.2	102.6	102.1	104.9	107.3
江　苏	102.2	101.6	103.2	106.3	105.8	113.8
浙　江	102.2	101.5	104.0	106.3	106.1	114.5
安　徽	102.0	100.9	103.2	107.7	104.0	111.5
珠三角地区						
广　州	102.4	101.1	102.6	104.1		
深　圳	102.3	100.9	101.7	101.9		
珠　海	101.2	100.8	103.4	103.5		
佛　山	102.2	101.1	103.3	104.1		
惠　州	102.7	101.5	104.6	107.1		
东　莞	102.7	101.1	101.4	101.8		
中　山	101.9	101.1	102.2	102.1		
江　门	102.2	101.2	102.8	103.7		
肇　庆	102.3	101.0	102.0	105.8		

7-8 京津冀、长三角、珠三角主要指标——居民收支

地区	居民人均可支配收入（元）			城镇居民人均可支配收入（元）			农村居民人均可支配收入（元）		
	2022	2021	名义增速（%）	2022	2021	名义增速（%）	2022	2021	名义增速（%）
全　国	**36883**	**35128**	**5.0**	**49283**	**47412**	**3.9**	**20133**	**18931**	**6.3**
京津冀地区									
北　京	77415	75002	3.2	84023	81518	3.1	34754	33303	4.4
天　津	48976	47449	3.2	53003	51486	2.9	29018	27955	3.8
河　北	30867	29383	5.1	41278	39791	3.7	19364	18179	6.5
长三角地区									
上　海	79610	78027	2.0	84034	82429	1.9	39729	38521	3.1
江　苏	49862	47498	5.0	60178	57744	4.2	28486	26791	6.3
浙　江	60302	57541	4.8	71268	68487	4.1	37565	35247	6.6
安　徽	32745	30904	6.0	45133	43009	4.9	19575	18372	6.5
珠三角地区									
广　州	71358	68908	3.6	76849	74416	3.3	36292	34533	5.1
深　圳	72718	70847	2.6	72718	70847	2.6			
珠　海	62976	61390	2.6	65743	64234	2.4	35829	34394	4.2
佛　山	64150	61700	4.0	65417	62942	3.9	38971	37067	5.1
惠　州	44890	43351	3.6	50811	49243	3.2	28964	27580	5.0
东　莞	63833	62126	2.7	65406	63740	2.6	45136	43188	4.5
中　山	59764	57901	3.2	62196	60323	3.1	43490	41750	4.2
江　门	38756	37068	4.6	45400	43622	4.1	24742	23376	5.8
肇　庆	31470	30394	3.5	38711	37791	2.4	23653	22689	4.3

7-8 续表

地区	居民人均消费支出（元）			城镇居民人均消费支出（元）			农村居民人均消费支出（元）		
	2022	2021	增长速度（%）	2022	2021	增长速度（%）	2022	2021	增长速度（%）
全　国	**24538**	**24100**	**1.8**	**30391**	**30307**	**0.3**	**16632**	**15916**	**4.5**
京津冀地区									
北　京	42683	43640	-2.2	45617	46776	-2.5	23745	23574	0.7
天　津	31324	33188	-5.6	33824	36067	-6.2	18934	19286	-1.8
河　北	20890	19954	4.7	25071	24192	3.6	16271	15391	5.7
长三角地区									
上　海	46045	48879	-5.8	48111	51295	-6.2	27430	27205	0.8
江　苏	32848	31451	4.4	37796	36558	3.4	22597	21130	6.9
浙　江	38971	36668	6.3	44511	42194	5.5	27483	25415	8.1
安　徽	22542	21911	2.9	26832	26495	1.3	17980	17163	4.8
珠三角地区									
广　州	44037	44253	-0.5	46825	47162	-0.7	26230	26099	0.5
深　圳	44793	46286	-3.2	44793	46286	-3.2			
珠　海	41333	42334	-2.4	42857	43957	-2.5	26389	26928	-2.0
佛　山	41129	40545	1.4	41897	41327	1.4	25861	25035	3.3
惠　州	29408	29176	0.8	32579	32431	0.5	20879	20463	2.0
东　莞	39432	39079	0.9	40131	39803	0.8	31125	30584	1.8
中　山	38648	37853	2.1	39887	39144	1.9	30355	29244	3.8
江　门	24539	24193	1.4	28183	27912	1.0	16853	16422	2.6
肇　庆	19593	19095	2.6	23385	23028	1.5	15499	14997	3.3

2023

北京区域统计年鉴

BEIJING AREA

STATISTICAL YEARBOOK

北京与全国主要数据对比

简要说明

一、本章资料的主要内容

本章资料主要反映北京与全国主要指标数据和北京主要指标占全国比重情况，内容涵盖产业发展、财政、金融、对外贸易、人口、就业、居民收入、教育、城市建设等领域。

二、本章资料的数据来源

北京市数据由北京市统计局根据相关资料整理，全国数据摘自《中国统计年鉴》。

8-1 北京与全国主要指标对比
——经 济

项 目		2022			2021		
		北 京	全 国	北京占全国（%）	北 京	全 国	北京占全国（%）
国内（地区）生产总值	（亿元）	41610.9	1210207.2	3.4	41045.6	1149237.0	3.6
第一产业		111.5	88345.1	0.1	111.4	83216.5	0.1
第二产业		6605.1	483164.5	1.4	7389.0	451544.1	1.6
第三产业		34894.3	638697.6	5.5	33545.2	614476.4	5.5
人均国内（地区）生产总值	（元）	190313	85698		187526	81370	
一般公共预算收入	（亿元）	5714.4	108762.2	5.3	5932.3	111084.2	5.3
一般公共预算支出	（亿元）	7469.2	224981.3	3.3	7205.1	210623.0	3.4
固定资产投资（不含农户）增速	（%）	3.6	5.1		4.9	4.9	
社会消费品零售总额	（亿元）	13794.2	439732.5	3.1	14867.7	440823.2	3.4
货物出口值	（亿元）	5890.0	237411.5	2.5	6118.5	214255.2	2.9
货物进口值	（亿元）	30555.5	180600.1	16.9	24319.9	173159.4	14.0
实际利用外商直接投资	（亿美元）	174.1	1891.3	9.2	144.3	1809.6	8.0
对外承包工程完成营业额	（亿美元）	53.2	1549.9	3.4	36.8	1549.4	2.4
金融机构（含外资）本外币存款余额	（亿元）	218628.8	2644472.3	8.3	199741.5	2386062.4	8.4
金融机构（含外资）本外币贷款余额	（亿元）	97819.9	2191028.6	4.5	89032.9	1985107.5	4.5

注：1. 全国一般公共预算收支为全国31个省（自治区、直辖市）合计数。
2. 本表中存贷款数据来源于中国人民银行及其分支机构官方网站。

8-2 北京与全国主要指标对比——社 会

项 目		2022			2021		
		北 京	全 国	北京占全国（%）	北 京	全 国	北京占全国（%）
年底人口数（年末常住人口）	（万人）	2184.3	141175	1.5	2188.6	141260	1.5
就业人员（常住就业人口）	（万人）	1132.1	73351	1.5	1158.0	74652	1.6
居民人均可支配收入	（元）	77415	36883		75002	35128	
城镇居民人均可支配收入	（元）	84023	49283		81518	47412	
农村居民人均可支配收入	（元）	34754	20133		33303	18931	
居民人均消费支出	（元）	42683	24538		43640	24100	
城镇居民人均消费支出	（元）	45617	30391		46776	30307	
农村居民人均消费支出	（元）	23745	16632		23574	15916	
参加职工基本医疗保险人数	（万人）	1499.4	36243.4	4.1	1486.0	35430.9	4.2
普通本专科在校生数	（万人）	60.3	3659.4	1.6	59.6	3496.1	1.7
普通中学在校生数	（万人）	55.5	7834.5	0.7	52.6	7623.5	0.7
小学在校生数	（万人）	108.4	10732.1	1.0	103.7	10779.9	1.0
专利授权量	（万件）	20.3	420.1	4.8	19.9	446.7	4.4
技术市场成交额	（亿元）	7947.5	47791.0	16.6	7005.7	37294.3	18.8
城市轨道交通运营里程	（公里）	797.3	9554.6	8.3	783.0	8735.6	9.0
电信业务总量	（亿元）	558.6	17501.1	3.2	513.0	17197.5	3.0

注：表中普通中学在校学生数范围为普通高中和普通初中。

2023

北京区域统计年鉴

BEIJING AREA

STATISTICAL YEARBOOK

指标解释

指标解释

（一）法人情况

法人单位 指有权拥有资产、承担负债，并独立从事社会经济活动（或与其他单位进行交易）的组织。法人单位应同时具备以下条件：（1）依法成立，有自己的名称、组织机构和场所，能够独立承担民事责任；（2）独立拥有（或授权使用）资产或者经费，承担负债，有权与其他单位签订合同；（3）具有包括资产负债表在内的账户，或者能够根据需要编制账户。

（二）人口和就业

户籍人口 指公民依照《中华人民共和国户口登记条例》已在其经常居住地的公安户籍管理机关登记了常住户口的人。

常住人口 指在某地区实际居住半年以上的人口。

常住外来人口 指不具有本市户籍户口，来自北京市行政区划以外的省、自治区、直辖市，且在京居住半年以上的人口。

常住就业人口 指在常住人口中，年满 16 周岁，为取得报酬或经营利润，在调查周内从事了 1 小时（含 1 小时）以上劳动的人口；或由于在职学习、休假等原因在调查周内暂时未工作的人口；或由于停工、单位不景气等原因临时未工作的人口。

从业人员 指在各级国家机关、党政机关、社会团体及企业、事业单位中工作，取得工资或其他形式的劳动报酬的全部人员，包括在岗职工、聘用的离退休人员，在单位中工作的港澳台及外籍人员、兼职人员、借用的外单位人员和第二职业者，不包括本单位的不在岗职工。

在岗职工 指在本单位工作并由单位支付工资的人员，以及有工作岗位，但由于学习、病伤产假（6 个月以内）等原因暂未工作，仍由单位支付工资的人员。

在岗职工工资总额 与在岗职工指标相对应，根据 1990 年 1 月 1 日的国家统计局令（一号）修订，指单位在报告期内直接支付给本单位在岗职工的劳动报酬总额，包括基础工资、职务工资、级别工资、工龄工资、计件工资、奖金、各种津贴和补贴、交通补贴、洗理费、书报费、旅游费、过节费、伙食补助、住房补贴、住房提租补贴、由单位从个人工资中直接为其代扣或代缴的个人所得税、房水电费、住房公积金、社会保险基金个人缴纳部分等。

在岗职工平均工资 指企业、事业、机关等单位的在岗职工在一定时期内的人均劳动报酬，它表明一定时期在岗职工工资收入的高低程度，是反映在岗职工工资水平的主要指标。

（三）国民经济核算

地区生产总值 指一个地区所有常住单位在一定时期内生产活动的最终成果。地区生产总值有三种表现形式：价值形态、收入形态和产品形态。从价值形态看，它是所有常住单位在一定时期内所生产的全部货物和服务价值与同期投入的全部非固定资产货物和服务价值的差额，即所有常住单位的增加值之和；从收入形态看，它是所有常住单位在一定时期内创造的各项收入之和，包括劳动者报酬、生产税净额、固定资产折旧和营业盈余；从产品形态看，它是所有常住单位在一定时期内最终使用的货物和服务价值与货物和服务净出口价值之和。在实际核算中，地区生产总值有三种计算方法，即生产法、收入法和支出法。三种方法分别从不同的方面反映地区生产总值及其构成。

三次产业 根据社会生产活动历史发展的顺序对产业结构的划分，产品直接取自自然界的部门称为第一产业，对初级产品进行再加工的部门称为第二产业，为生产和消费提供各种服务的部门称为第三产业。这是世界上通用的产业结构分类，但各国的划分不尽一致。三次产业分类依据国家统计局 2018 年修订的《三次产业划分规定》。第一产业是指农、林、牧、渔业（不含农、林、牧、渔专业及辅助性活动）。第二产业是指采矿业（不含开采专业及辅助性活动），制造业（不含金属制品、机械和设备修理业），电力、热力、燃气及水生产和供应业，建筑业。第三产业即服务业，是指除第一产业、第二产业以外的其他行业。

（四）财政和税收

一般公共预算收入 通过一定的形式和程序，由各级财政部门组织并纳入预算管理的各项收入。

税收收入 包括增值税、营业税、企业所得税、个人所得税、资源税、城市维护建设税、房产税、印花税、城镇土地使用税、土地增值税、车船税、耕地占用税、契税等。

一般公共预算支出 指各级财政部门对集中的一般预算收入有计划地分配和使用而安排的支出。

一般公共服务支出 指政府提供基本公共管理与服务的支出，包括人大事务、政协事务、政府办公厅（室）及相关机构事务、发展与改革事务、统计信息事务、财政事务、税收事务、审计事务、海关事务、人力资源事务、纪检监察事务、人口与计划生育事务、商贸事务、知识产权事务、工商行政管理事务、国土资源事务、海洋管理事务、测绘事务、地震事务、气象事务、民族事务、宗教事务、港澳台侨事务、档案事务、共产党事务、民主党派事务及工商联事务、群众团体事务、彩票事务等。

教育支出 指政府教育事务支出，包括教育行政管理、学前教育、小学教育、初中教育、普通高中教育、普通高等教育、初等职业教育、中专教育、技校教育、职业高中教育、高等职业教育、广播电视教育、留学生教育、特殊教育、干部继续教育、教育机关服务等。

科学技术支出 指用于科学技术方面的支出，包括科学技术管理事务、基础研究、应用研究、技术研究与开发、科技条件与服务、社会科学、科学技术普及、科技交流与合作等。

社会保障和就业支出 指政府在社会保障与就业方面的支出，包括社会保障和就业管理事务、民政管理事务、财政对社会保险基金的补助、补充全国社会保障基金、行政事业单位离退休、企业改革补助、就业补助、抚恤、退役安置、社会福利、残疾人事业、城市居民最低生活保障、其他城镇社会救济、农村社会救济、自然灾害生活救助、红十字事务等。

节能环保支出 指政府环境保护支出，包括环境保护管理事务支出、环境监测与监察支出、污染治理支出、自然生态保护支出、天然林保护工程支出、退耕还林支出、风沙荒漠治理支出、退牧还草支出、已垦草原退耕还草、能源节约利用、污染减排、可再生能源和资源综合利用等支出。

交通运输支出 指政府交通运输和邮政业方面的支出，包括公路运输支出、水路运输支出、铁路运输支出、民用航空运输支出、邮政业支出等。

城乡社区支出 指政府城乡社区事务支出，包括城乡社区管理事务支出、城乡社区规划与管理支出、城乡社区公共设施支出、城乡社区住宅支出、城乡社区环境卫生支出、建设市场管理与监督支出等。

农林水支出 指政府农林水事务支出，包括农业支出、林业支出、水利支出、扶贫支出、农业综合开发支出等。

（五）投资和建筑业

全社会固定资产投资 指以货币形式表现的在一定时期内全社会建造和购置固定资产的工作量以及与此有关的费用的总称。

固定资产投资（不含农户） 指城镇和农村各种登记注册类型的企业、事业行政单位及城镇个体户进行的计划总投资 500 万元及以上的建设项目投资和房地产开发投资。

房地产开发投资 指自本年 1 月 1 日起至本年最后一天止，房地产开发项目中全部用于房屋建筑物、配套的服务设施、土地开发工程和土地购置的投资；不包括单纯的土地开发和交易活动。

房屋施工面积 指报告期内施工的全部房屋建筑面积。包括本期新开工的房屋建筑面积、上期跨入本期继续施工的房屋建筑面积、上期停缓建在本期恢复施工的房屋建筑面积、本期竣工的房屋建筑面积以及本期施工后又停缓建的房屋建筑面积。多层建筑应填各层建筑面积之和。

房屋竣工面积 指报告期内房屋建筑按照设计要求已全部完工，达到住人和使用条件，经验收鉴定合格（或达到竣工验收标准），可正式移交使用的各栋房屋建筑面积的总和。

建筑业总产值 指以货币表现的建筑业企业在一定时期内生产的建筑产品和服务的总和，包括建筑工程产值、安装工程产值、其他产值三部分内容。

年末从业人员 指年末最后一日 24 小时在本单位工作并取得劳动报酬或收入的期末实有人员数。该指标为时点指标，不包括最后一日当天及以前与单位解除劳动合同关系的人员和建筑业整建制使用的人员。

利润总额 指企业在一定会计期间的经营成果，是生产经营过程中各种收入扣除各种耗费后的盈余，反映企业在报告期内实现的亏盈总额。

（六）能源、环境

能源消费总量 指一定地域（行政或地理区域）内，国民经济各行业和居民家庭在一定时期所消费的各种能源的总和。能源消费总量包括终端能源消费量、能源加工转换损失量、能源运输和管理过程的损失量三部分。

生活垃圾无害化处理量 指报告期内简易处理场和各种垃圾无害化处理场（厂）处理垃圾的总量。垃圾简易处理量指垃圾简易填埋场所处理的垃圾总量。垃圾无害化处理量指垃圾无害化处理场（厂）所处理的垃圾总量。

生活垃圾无害化处理率 指报告期垃圾无害化处理量与垃圾产生量的比率。计算公式：

$$\text{垃圾无害化处理率}=\frac{\text{垃圾无害化处理量}}{\text{垃圾产生量}}\times 100\%$$

在统计时，如果生活垃圾产生量不易取得，可用清运量代替。

污水处理量 指污水处理厂或污水处理装置实际处理的污水量，包括物理处理量、生物处理量和化学处理量。

（七）农　　业

农林牧渔业总产值 指以货币表现的农林牧渔业的全部产品总量和对农林牧渔业生产活动进行的各种支持性服务活

动的价值。

农作物播种面积 指本年度内收获农作物在全部土地（耕地或非耕地）上的播种或移植面积。凡是本年内收获的农作物，无论是本年还是上年播种，都算为播种面积，但不包括本年播种、下年收获的农作物面积。在播种季节基本结束后，因遭灾而重新改种和补种的农作物面积，也包括在内。

设施农业 指以工厂化生产方式，建造人工设施，改变气候条件，提高农作物抵御自然灾害的能力，改良生物特性，使作物实现错季或反季节生产，达到农作物均衡生产的目的。

农业机械总动力 指主要用于农、林、牧、渔业的各种动力机械的动力总和，包括耕作机械、排灌机械、收获机械、农用运输机械、植物保护机械、牧业机械、渔业机械和其他农用机械[内燃机按引擎马力折成瓦（特）计算，电动机按功率折成瓦（特）计算]。不包括专门用于乡、镇、村、组办工业、基本建设、非农业运输、科学实验和教学等非农业生产方面用的动力机械与作业机械。

农用化肥施用量 指本年度内实际用于农业生产的化学肥料数量，包括氮肥、磷肥、钾肥和复合肥。施用量要求按折纯量计算数量，即各类化学肥料的实际施用数量按其含氮、含五氧化二磷、含氧化钾的比例折成百分之百计算。

行政村常住户数 指长期（一年以上）居住在行政村管理区域内的住户。户口不在本地而在本地居住一年及以上的住户也包括在本地农村住户内；有本地户口，但举家外出谋生一年以上的住户，无论是否保留承包耕地都不包括在本地农村住户范围内。不包括乡村地区内的国有经济的机关、团体、学校、企业、事业单位的集体户。

行政村常住人口 指行政村常住居民户数中的常住人口数，即经常在家或在家居住6个月以上，而且经济和生活与本户连成一体的人口。外出从业人员在外居住时间虽然在6个月以上，但收入主要带回家中，经济与本户连为一体，仍视为家庭常住人口；在家居住，生活和本户连成一体的国家职工、退休人员也为家庭常住人口。但是现役军人、中专及以上（走读生除外）的在校学生、常年在外（不包括探亲、看病等）且已有稳定的职业与居住场所的外出从业人员，不应当作家庭常住人口。

行政村从业人员 指全部行政村人口中16岁以上实际参加生产经营活动并取得实物或货币收入的人员，既包括劳动年龄内经常参加劳动的人员，也包括超过劳动年龄但经常参加劳动的人员，但不包括户口在家的在外学生、现役军人和丧失劳动能力的人，也不包括待业人员和家务劳动者。从业人员按从事主业时间最长（时间相同按收入）分为农业从业人员，工业从业人员，建筑业从业人员，交通运输仓储及邮政业从业人员，信息传输、计算机服务和软件业，批发与零售业从业人员，住宿和餐饮业从业人员及其他从业人员。

（八）工　　业

工业总产值 指工业企业在报告期内生产的以货币形式表现的工业最终产品和提供工业劳务活动的总价值量，它包括：在本企业内不再进行加工，经检验、包装入库已经销售和准备销售的全部工业成品（包括半成品）价值，对外加工费收入，自制半成品、在制品期末期初差额价值。工业总产值采用“工厂法”计算，即以工业企业作为一个整体，按企业生产活动的最终成果来计算。

轻工业 指主要提供生活消费品和制作手工工具的工业。按其所使用的原料不同，可分为两大类：（1）以农业为原料的轻工业，是指直接或间接以农产品为基本原料的轻工业，主要包括食品制造、饮料制造、烟草加工、纺织、缝纫、皮革和毛皮制作、造纸以及印刷等工业。（2）以非农产品为原料的轻工业，是指以工业品为原料的轻工业，主要包括文教体育用品、化学药品制造、合成纤维制造、日用化学制品、日用玻璃制品、日用金属制品、手工工具制造、医疗器械制造、文化和办公用机械制造等工业。

重工业 指为国民经济各部门提供物质技术基础的主要生产资料的工业，按其生产性质和产品用途，可以分为下列三类：（1）采掘（伐）工业。指对自然资源的开采，包括石油开采、煤炭开采、金属矿开采、非金属矿开采和木材采伐等工业。（2）原材料工业。指向国民经济各部门提供基本材料、动力和燃料的工业，包括金属冶炼及加工、炼焦及焦炭化学、化工原料、水泥、人造板以及电力、石油和煤炭加工等工业。（3）加工工业。指对工业原材料进行再加工制造的工业，包括装备国民经济各部门的机械设备制造工业、金属结构、水泥制品等工业，以及为农业提供的生产资料如化肥、农药等工业。

根据上述划分原则，修理业中以重工业产品为修理作业对象的划为重工业，反之划为轻工业。

资产总计 指企业过去的交易或者事项形成的、由企业拥有或者控制的、预期会给企业带来经济利益的资源。资产一般按流动性分为流动资产和非流动资产，其中流动资产可分为货币资金、交易性金融资产、应收票据、应收账款、预付款项、其他应收款、存货等；非流动资产可分为长期股权投资、固定资产、无形资产及其他非流动资产等。

负债合计 指企业过去的交易或者事项形成的、预期会导致经济利益流出企业的现时义务。负债一般按偿还期长短分为流动负债和非流动负债。

利润总额 指企业在一定会计期间的经营成果，是生产经营过程中各种收入扣除各种耗费后的盈余，反映企业在报告期内实现的亏盈总额。

应交增值税 指企业按税法规定，以销售货物、服务、无形资产或提供加工、修理修配劳务的增值额和货物进口金额为计税依据而课征的一种流转税。

（九）商　　业

社会消费品零售总额 指企业（单位、个体户）通过交易直接售给个人、社会集团非生产、非经营用的实物商品金额，以及提供餐饮服务所取得的收入金额。个人包括城乡居民和入境人员，社会集团包括机关、社会团体、部队、学校、企事业单位、居委会或村委会等。

商品交易市场 指经有关部门和组织批准设立，有固定场所、设施，有经营管理部门和监管人员，若干市场经营者入内，常年或实际开业三个月以上，集中、公开、独立地进行生活消费品、生产资料等现货商品交易以及提供相关服务的交易场所，包括各类消费品市场、生产资料市场等。

（十）对外贸易

货物进出口总值 指实际进、出我国海关并能引起我国境内物质资源增加或减少的进出口货物总金额，包括我国境内法人和其他组织以一般贸易、易货贸易、加工贸易、补偿贸易、寄售代销贸易等方式进出口的货物、租赁期一年及以上的租赁进出口货物、边境小额贸易货物、国际援助物资或捐赠品、保税区和保税仓库进出口货物等的金额合计。进出口总值是观察一个国家在对外贸易方面的总规模。我国规定出口货物按离岸价格统计，进口货物按到岸价格统计。

实际利用外商直接投资额 指批准的合同外资金额的实际执行数，外国投资者根据批准外商投资企业的合同（章程）的规定实际缴付的出资额和企业投资总额内外国投资者以自己的境外自有资金实际直接向企业提供的贷款。

（十一）价格指数

居民消费价格指数 指度量消费商品及服务项目价格水平随着时间而变动的相对数，反映一定时期内居民家庭购买的消费品及服务价格水平的变动趋势和变动程度。居民消费价格指数变动率通常被用来作为反映通货膨胀（或紧缩）程度的指标。

工业生产者出厂价格指数 指反映全部工业产品出厂价格总水平变动程度的相对数，其中包括工业企业售给商业、外贸、物资部门的产品，还包括售给工业和其他部门的生产资料以及直接售给居民的生活消费品。通过工业生产价格指数能观察工业产品出厂价格变动对工业总产值的影响。

工业生产者购进价格指数 指反映全部工业原材料、燃料、动力购进价格总水平变动程度的相对数，用以观察和研究工业企业原材料价格变动对生产的影响，以及企业对原材料涨价的消化能力和承受能力，为制定价格政策提供依据。

（十二）居民收支

可支配收入 指调查户在调查期内获得的、可用于最终消费支出和储蓄的总和，即调查户可以用来自由支配的收入。可支配收入既包括现金，也包括实物收入。按照收入的来源，可支配收入包含四项，分别为：工资性收入、经营净收入、财产净收入和转移净收入。

消费支出 指住户用于满足家庭日常生活消费需要的全部支出，包括用于消费品的支出和用于服务性消费的支出。根据用途不同，消费支出可划分为食品烟酒、衣着、居住、生活用品及服务、交通通信、教育文化娱乐、医疗保健、其他用品及服务八大类。根据来源不同，消费支出可划分为现金消费支出、实物消费支出（含自产自用、来自单位或雇主、来自政府和其他社会组织）。

（十三）教　　育

毕业生数 指上学年度具有学籍的学生完成教学计划规定课程，考试合格并且取得毕业证书的学生数。

招生数 指实际招收入学并完成学籍注册的新生数。

在校生数 指具有学籍并在本学年初进行学籍注册的学生数。

教职工数 指各级各类学校（机构）根据岗位聘用的全职为学校工作的人员（含在编人员和签订一年以上聘用合同人员）。

专任教师 指具有《中华人民共和国教师法》《教师资格条例》规定的教师资格，学校根据相关岗位设置管理指导意见，聘用的专职从事教学工作的教师岗位人员。

（十四）文化、科技

公共图书馆藏书 指各级文化部门举办的面向社会服务的独立的图书馆（不包括文化馆的图书室，也不包括文化系统以外的图书馆）藏书数量。

专利授权量 指企业在报告年度内获得专利行政部门授权的专利的件数。

（十五）卫生、体育

医疗卫生机构 指从卫生行政部门取得《医疗机构执业许可证》，或从民政、工商行政、机构编制管理部门取得法人单位登记证书，为社会提供医疗保健、疾病控制、卫生监督服务或从事医学科研和医学在职培训等工作的单位。

卫生技术人员 包括执业医师、执业助理医师、注册护士、药师（士）、检验及影像技师（士）、卫生监督员和见习医（药、护、技）师（士）等卫生专业人员，包括从事临床或监督工作并同时从事管理工作的人员（如院长、书记等）。

执业（助理）医师、注册护士 指取得医师、护士执业证书且实际从事临床工作的人员，包括从事临床工作并同时从事管理工作的人员（如院长、书记等）。

体育场地 指专门用于体育训练、比赛和健身活动的，有一定投资的公益性或经营性体育建筑设施，包括必要的附属功能用房。

（十六）社会福利

社会救助对象总人数 指报告期末生活在当地规定的最低生活保障线以下的家庭人员及国家规定由民政部门救济的特殊人员和60年代精简退职老职工救济人员等。

城市居民最低生活保障人数 指报告期末家庭平均收入在当地规定的最低生活保障线以下的城镇居民数，包括“三无”对象、失业人员和在职、下岗、退休人员等。

农村居民最低生活保障人数 指报告期末在建立农村最低生活保障制度的地区，得到当地政府或集体给予最低生活保障的农业人口家庭人数。

参加基本养老保险人数 指报告期末按照国家法律、法规和有关政策规定参加基本养老保险并在社保经办机构已建立缴费记录档案的职工人数，包括中断缴费但未终止养老保险关系的职工人数和参加基本养老保险的离休、退休和退职人员的人数，不包括只登记未建立缴费记录档案的人数。

参加基本医疗保险人数 指报告期末按国家有关规定参加基本医疗保险的人数，包括参加保险的职工人数和退休人员数。

参加失业保险人数 指报告期末按照国家法律、法规和有关政策规定参加了失业保险的城镇企业事业单位的职工及地方政府规定参加失业保险的其他人员的人数；参加失业保险人数为参加失业保险的职工人数。

（十七）开发区

已开发土地面积 指在规划范围内达到“七通一平”标准的，具备进行房屋建筑物施工或出让条件的土地面积。

已供应土地面积 指开发区内通过各种方式获得土地使用权的土地面积，包括出让、划拨、租赁等。

总收入 指企业全年的生产产品销售收入、技术性收入和与本企业产品相关的商品的销售收入、其他收入等各种收入的总和，总收入等于主营业务收入加上其他业务收入。总收入应按不含增值税的价格计算，不包括补贴收入、营业外收入、投资收益。

应缴税金总额 指企业按国家规定应向税务机关缴纳各种税金的总额。主要包括应交增值税、应交所得税、营业税金及附加、管理费用中的税金等。